数智时代人力资本价值探索与破局

**Exploring and Unlocking
Human Capital Value
in the Digital Intelligence Age**

赵宜萱 / 著

南京大学出版社

图书在版编目(CIP)数据

数智时代人力资本价值探索与破局 / 赵宜萱著.
南京：南京大学出版社，2024. 6. -- ISBN 978-7-305
-28182-2

Ⅰ. F241

中国国家版本馆 CIP 数据核字第 2024QN8857 号

出版发行　南京大学出版社
社　　　址　南京市汉口路 22 号　　邮　　编　210093
书　　　名　**数智时代人力资本价值探索与破局**
　　　　　　SHUZHI SHIDAI RENLI ZIBEN JIAZHI TANSUO YU POJU
著　　者　赵宜萱
责任编辑　孙　辉　　　　　　编辑热线　025－83592315

照　　排　南京布克文化发展有限公司
印　　刷　南京新世纪联盟印务有限公司
开　　本　718 毫米×1000 毫米　1/16　印张　12.75　字数　216 千
版　　次　2024 年 6 月第 1 版　2024 年 6 月第 1 次印刷
ISBN 978-7-305-28182-2
定　　价　68.00 元

网　　址　http://www.njupco.com
官方微博　http://weibo.com/njupco
官方微信　njupress
销售咨询热线　025－83594756

推荐序一

在时间的长河中,每一朵浪花都承载着时代的印记,而人类正是那些勇敢的航行者,不断探索着未知的领域。在数智化时代的浪潮中,我们需要顺应数字经济发展趋势,聚焦于未来的航向,扬帆开启新的航程。赵宜萱副教授在其《数智时代人力资本价值探索与破局》一书中展现了深刻的洞察,我们正处在一个需要重新定义人力资源管理的时代,人力资本的价值探索与破局显得尤为关键。

随着大数据、人工智能等新兴技术的快速发展,企业亟需重新思考和设计人力资源管理的策略与方法。新生代以及 Z 世代的员工,成长于信息时代,带有鲜明的个性特征和对工作、生活的全新期待,他们自我意识强、成就动机高,更倾向于追求个人成长与职业发展的机会。企业在人力资源管理上必须更加注重人力资本的价值管理,以吸引和保留这些具有创新精神和活力的新生代人才。同时,大数据为人力资源管理提供了前所未有的机遇。通过大数据分析,企业能够更精准地进行人才招聘、员工培训和绩效评估,从而提升管理效率和决策质量。

数字技术如何赋能人力资本价值管理,宜萱在这本著作中以深厚的学术底蕴和前瞻性视野,提供了一份全新的破局答卷。她不仅洞察了数智时代人力资源管理的新趋势,更提出了一系列切实可行的策略和方法,帮助企业应对挑战,抓住机遇。

我与宜萱相识数年,见证了她不断探索和挑战人力资源管理的新课题。对知识的渴望和对学术的执着,使她在人力资源管理领域中展现出了高水平的专业素养。正如社会学家米尔斯所言,学者的身份不仅仅是一个职业,更是一种生活态度和方式。她履行了学者的身份认同。

《数智时代人力资本价值探索与破局》一书,集中在如何通过数字化工具和智能化技术提高人力资源管理的效率和效果、如何构建数字化工作环境,以及如何通过运用数字技术提升员工的数字技能。书中解决的问题包括如何量化和评估人力资本的潜力,如何通过战略性人力资源管理来应对技术革新带来的挑战,以及如何在组织内部培养适应数字化转型的文化和能力。

该书首先深刻地揭示了数智时代的核心本质,然后对数智时代背景下的人力资源管理的价值进行深入探讨,在此基础上构建数智化人力资源管理的价值链模型,拓展了对人力资本潜力的量化评估,最后就数智时代背景下企业如何推动人力资源管理创新提出思考。

具体来看,该书在开篇中阐述了数智时代的特征,强调了物理世界与数字世界的融合,以及人工智能、大数据等技术对社会经济的深远影响。书中指出,这些技术正在深刻地改变着企业的运营模式,也推动着人力资源管理从传统模式向数据驱动、智能决策的方向转变。接着,本书详细探讨了数智化如何创造人力资源的新价值。通过分析新兴技术的应用,如 AI 在招聘中的智能匹配、在培训中的个性化学习路径,以及在绩效管理中的实时反馈,揭示了数智化如何提升员工的技能和潜力,从而为企业创造更大的价值。同时,本书还讨论了数智化如何影响组织文化,促进更加灵活、协作的工作环境。在数智化人力资源价值链的探索中,本书系统地分析了从人才获取、培养、发展到绩效评估的全过程。本书提出,数智化工具如 HRIS 和 AI 能够优化这些环节,提高效率,减少人为误差,同时增强了决策的科学性和公正性。在价值测度部分,宜萱和她的研究团队还引入了新的评估方法,如基于数据的员工绩效和潜力评估,以及人力资本的经济价值计算。通过案例分析,本书还展示了如何通过这些工具和模型,更准确地量化和预测人力资本的价值,为企业的战略决策提供依据。最后,针对人力资本管理者,宜萱提出了破局的逻辑和策略建议。她强调,管理者需要适应数智化带来的挑战,不断提升自身的数字技术素养,同时关注员工的数字化技能培养和心理需求。通过构建数据驱动的决策环境,培养员工的创新思维,优化工作流程,引领组织在数智化时代实现转型和升级。

本书可以作为高校人力资源管理专业的师生进行学习和研究的参考书,帮助他们理解和应对数智化转型对人力资源管理的影响,思考如何提升数智时代人力资源管理的效能以及人力资本价值。书中还强调了在数智化环境中,员工的自我学习能力、创新思维和跨领域技能培养的重要性,为个人职业发展提供了方向。

　　我向从事人力资源管理教学、研究和实践工作的学者、学生以及企业管理者推荐此书。这既是一本学术著作，又是一份实践的指南。我期待赵宜萱副教授在未来的学术生涯中再出新作，继续为学界和业界带来新的启示和惊喜。

张志学

北京大学博雅特聘教授、中国社会科学调查中心主任

光华管理学院组织与战略学教授、行为科学研究中心主任

2024 年 6 月 7 日

推荐序二

中国古代思想家、哲学家老子说过：知人者智，自知者明。从古至今，对"人"真实价值的探索始终贯穿人类社会发展的全过程，也是人类哲学、商业、社会、经济等诸多领域共同探讨的问题。从古代的血统论，到教育论，判断个人价值的理念经历了诸多更迭，如我国古代伟大的教育家、哲学家孟子提出"人皆可以为尧舜"的观点，认为每个人身上都有无尽的潜力。教育理论著作《大学》中则提出"修身、齐家、治国、平天下"的理念，认为个体价值的发展可以遵循由小及大的路径。在现代经济学和管理学中，如何衡量个体价值和未来潜力同样困扰着各类组织。现有观点认为，个体在社会中获取的报酬可以视为其价值的经济体现；个体的价值不仅应该关注其短期经济效益，更应当关注个体的中长期发展，在追求个体价值的增长中实现组织乃至社会的发展。

设想总归是美好的，但实现过程需要克服一系列的困难。例如，个体、组织与社会的协同发展模式问题，个体短期发展诉求与组织中长期发展诉求的协调问题，新型劳动关系模式问题等。在这一系列亟待解决的理论问题中，首先需要对"人"的价值和潜力进行解释和量化，而这也正是《数智时代人力资本价值探索与破局》一书最可贵的地方，即从人力资源管理视角构建出数智时代下的人力资本价值计算模型。值得关注的是，计算个体价值并非本书首创，经济学和会计学领域均提出过相应的思路，如经济学领域的研究认为个体价值取决于劳动者在市场上能获取的报酬水平，会计学领域的观点则认为个体价值取决于可预见期限内的收入现值。但无论哪种方法，在具备适用性的同时也拥有局限性，由个体技能和动机发展所带来的价值增长就未曾被纳入考虑范畴。

纵观全书，本人认为此书的可贵之处主要体现在几个方面：

首先,本书立足于数智时代,引入人力资源管理领域的前沿研究。以ChatGPT为代表的生成式人工智能自推出以来就对人类社会产生了深刻影响,不仅对以建筑、设计、翻译等为代表的知识工作者职业发展带来巨大挑战,更对社会成员的工作乃至生活方式、组织的人力资源管理模式带来颠覆性的影响。面对具有突发性的现象级技术,大部分企业尚未做好准备,仅将数智技术作为工具辅助日常工作的开展。然而,数智技术既可以视为工具的创新,同样也应该成为一种理念,嵌入企业的人力资源管理的全进程。本书基于纵向视角,对数智技术和人力资源管理价值链之间的关系进行了梳理,并对数智时代下企业人力资源管理的发展方向提出建议。

　　其次,本书以发展视角构建出个体价值计算模型。人力资本领域中的存在观点认为,个体价值是能力、动机和机会的综合反应,即当一个人的能力越高、驱动力越强,面临的机会越多,那么这个人就越具有高价值。正如上文所提及的,现有对个体价值的计算方式往往将个体能力、动机和面临的机会视为恒定的变量,却忽略了个体在能力发展和机会追求上的主动性,以及由企业发展所带来的影响。本书所构建的模型给出了一种可行的计算路径,通过人力资源管理价值链校准比率、员工价值创造弹性比率等构念来衡量未来一定期间内个体的价值,并以现值的方式进行衡量。

　　再次,本书具有较高的实践价值。人力资源管理作为企业管理的重要模块具有"易学难精"的特点,即大多数人可以通过短期的学习快速掌握基本的人力资源管理知识。但人力资源的价值不局限于企业的基本模块运作,更应该在个体和企业协同发展上得到体现,而这也是多数人力资源管理从业者缺少的能力。对于发挥人力资源管理作用的话题,不管是前沿论文还是专家分享都给出了一些指导,但困扰企业人力资源管理实践发展的不单是理论的发展,更受限于将理论落实到具体管理实践的操作方式的缺失。作为学术专著,本书在推进人力资源理论发展的同时,更致力于搭建横跨理论与现实鸿沟的桥梁,并为数智时代背景下的企业衡量个体与组织层面的人力资本价值提供相应的理论分析工具。

　　正如德鲁克在《下一个社会的管理》一书中所说的,"人类社会正在经历新一轮的革命……在未来5到10年,乃至更长时间内,管理者的主要工作将是应对社会重大变化。"如今未来已来,新兴技术、高新产业以及各新生力量都在蓬勃发展,深刻地改变着人类社会的生产生活方式,也给企业的管理创新带来前所未有的挑战。在新旧组织不断竞争合作的背景下,企业不仅要为员工提供充分的个人发展空间，还需要激励员工充分发挥自己的潜能。每位员工都有其独特的天赋，在组织人力资源的开发下，在数智化技术的帮助下，员工可以持续受到启发并释放自己最大的效能。而本书，或许能为回应此挑战做出应有的贡献。

受作者之邀，特作此序。

郭　为

神州数码董事长

2024 年 6 月 7 日

前　言

　　我们正处于一个前所未有的时代——数字智能时代，这一时代有数字化与智能化这两大核心支柱支撑。得益于云计算、大数据、人工智能以及物联网等技术的深度整合与持续进化，我们的工作模式、企业经营乃至整个社会的构建，都在经历一场深刻的转型。在这场变革浪潮中，人力资源管理扮演着至关重要的角色，它作为连接组织与员工的关键桥梁，正迎来历史性的挑战与前所未有的发展机遇。在数字智能的新纪元，数据已经超越其作为辅助决策工具的原始角色，演化成为推动组织发展与进步的关键引擎。大数据技术的深度整合促使人力资源管理告别过往对经验的依赖，转而采纳基于数据驱动的决策模式，从而实现了管理上的更高准确性和效率。同时，人工智能的不断进步为人力资源领域带来了自动化与智能化的解决方案，涵盖了从智能招聘到自动化绩效评估等多个方面，正深刻地重塑着人力资源管理的职能与角色定位。

　　2023 年作为人类历史上生成式人工智能的起始元年。我们正站在智能时代的重要转折点上，倘若再迎来一次跨时代的技术革新，企业的未来战略走向和管理手段将被彻底颠覆。以 GPT-4 为例，尽管它是生成式人工智能的一种表现，目前还未达到强人工智能的水平；它精于根据所接收的输入信息生成文本，但在将这些理解能力广泛应用到更多任务或领域方面尚存局限。然而，这些当前看似难以克服的技术挑战在不远的将来，很可能成为历史。那么，我们是否已经为这即将到来的变革做好了准备？

　　在数智时代下，人力资源与人力资本价值转型对中国的发展，尤其是产业发展的重要性不言而喻。随着数字化和智能化技术的快速发展，中国的产业结构正在经历一场深刻的变革。为应对这一挑战，中国相继出台了《新一代人工智能发展规划》以及《关于加快场景创新以人工智能高水平应用促进经济高质量发展的指导意见》等重要文件,进一步强调了人工智能与人力资本融合的重要性。这些政策不仅旨在促进产业升级和增强国际竞争力,也着眼于推动智能制造和应对人口老龄化等社会挑战。尽管人工智能技术的快速应用在短期内可能会带来特定技能领域的劳动力替代效应,但从长期来看,通过高水平运用人工智能技术,将有效提升人力资本价值、创新能力和就业质量。这种转型不仅关系到如何优化人才培养和引进,提高人力资本的质量和效率,还包括如何通过教育和培训提升年轻劳动力的技能,确保经济的持续健康发展。此外,人力资源的转型和人力资本的投资还有助于提高劳动生产率、促进劳动力的公平流动和利用,缓解社会分层和不平等问题,推动社会稳定与和谐。通过这些努力,中国不仅可以在全球化的市场环境中更好地发挥人才优势、提高创新能力,还能支持欠发达地区的产业发展和经济提升,实现全国范围内的均衡发展。

　　然而,在面对尖端科技时,大多数人往往扮演着较为被动的角色,这主要是由于缺乏对技术的深度理解,以及缺少创造新技术的能力与资源。因此,我们只能在这些前沿科技面世之后,才开始学习如何操作它们,以及如何将它们整合进我们的日常工作与生活中。即,虽然我们并非财富创造的初始动力,却能够通过搭乘技术革命的便车来分享其带来的财富增长。当然,要想快速拥抱和应用这些新科技,我们可以通过持续学习来增强对新趋势的洞察力,并通过不断尝试和应用新工具,逐步适应由科技创新所提供的便捷生活。遗憾的是,无论是个人还是企业,多数情况下不会持续进行学习,也不一定愿意尝试采纳新的科技。这可能是由于时间上的限制,或是因为资源与能力的约束。在此背景之上,管理学大师彼得·德鲁克在1999年出版的《21世纪的管理挑战》中的见解显得尤其深刻。德鲁克指出,21世纪的管理挑战特别涉及新信息技术和自我管理艺术的影响。他认为自我管理是必要的,因为未来的员工要想在他们的公司或组织中生存下来,对大多数人来说,终生学习新技能和承担新职业将成为常态。德鲁克的这一论断,"管理自己是人类事务中的一场革命",不仅强调了个体在职业发展和自我实现过程中的主动性,也提醒我们在面对科技和信息时代的挑战时,自我管理和终生学习的重要性。对于企业员工而言,这一问题同样存在——他们的日常工作和个人生活的忙碌往往让他们难以找到额外的时间来提升技能和知识水平。另一个关键因素在于,持续学习要求个体具备内在的动力和严格的自律。在企业管理层面,这种动力往往源自高层领导的远见卓识及其不懈的坚持。而自律,我个人认为,是通过人力资源部门在日常运营中巧妙地运用企业文化、规章制度和流程管理等手段,来激发和维护每位员工的动量(momentum)。在物理学领域,动量描述了物体沿其运动方向维持运动的倾向。这一概念实质上是牛顿第一定律的衍生,揭示了惯性的原理。将此比喻应用于企业管理,正是领导层的每项决策推动了企业向前发展的动力。而企业的动量,则是源自人力资源部门通过高效的管理实践,在员工心中培育出的自律精神。这种自律为企业持续发展提供了必要的内在动力。

虽然这本书并不能直接解决我们对技术理解缺乏的问题,但它能够为个人和企业提供一种迅速适应新技术的策略,或者说,它分享了一系列成熟的方法论,旨在加速提升个体和企业内在的潜能。本书致力于从多重维度深入剖析数智时代下人力资源与人力资本价值转型。笔者将从数字化人力资源管理的根基出发,探索人工智能在人力资源管理领域的广泛应用,直至预见未来所面临的挑战与机遇。在这个不断演变的时代,本书的宗旨在于揭示如何有效管理并增强人力资本的价值。一方面,通过分析众多实例,深入探究在企业数字化转型的浪潮中显现出的各种现象,并识别出在每一次转型旅程中人力资源必须聚焦的核心要素。这一过程有助于企业的人力资源部门把握维系组织动力的关键驱动力。

我们正站在一个历史的转折点上,人力资源管理的未来充满了变数和机遇。通过阅读本书,笔者希望为读者提供一个全面而深入的视角,帮助他们理解数智时代下人力资源管理的新动向,并为这个不断演进的领域提供实用的洞见和策略。与此同时,希望为读者提供一个持续开发自己潜能的路径,在不断探寻自己热爱的专业领域的道路上,通过利用身边数智化技术发挥自己最大的效能。非常感谢赵曙明教授、张正堂教授以及贺伟教授对我们的指导,并且感谢我们的团队成员何光远、魏丹霞、栾佳锐、胡陈红和龚先量为此书做出的重要贡献。感谢国家自然科学基金面上项目"人工智能背景下的人力资源管理:新生代员工人工智能变革意愿的影响机制研究"(72072081)、国家自然科学基金重点项目"基于创新导向的中国企业人力资源管理模式研究"(71832007)、国家自然科学基金专项项目"人-机交互场景下的数智化人力资源开发与管理研究"(72342027)以及江苏省社会科学基金课题"江苏数字化背景下人力资源价值链变革与组织发展的互动机制研究"(22GLA006)的资助。

目　录

第一章

数智时代的本质

2024 年《麻省理工科技评论》最新的文章显示，我们如今生活在人工智能时代。数以亿计的人已经直接与 ChatGPT 这样的生成工具互动，这些工具能够根据提示生成文本、图片、视频等内容。它们的流行已经重塑了科技行业，OpenAI 因此成为家喻户晓的品牌。同时，谷歌、Meta 和微软等科技巨头也在积极大力投资人工智能技术。与此同时，生成型人工智能正逐渐对普通非技术人员展现出其真正的实用价值，我们预计将见证越来越多的人开始尝试运用众多小型 AI 模型。最尖端的 AI 模型，例如 GPT-4 和 Gemini，具备了多模态处理能力，这不仅使它们能够操纵文本，还能熟练地处理图像乃至视频内容。这种创新功能有望催生一系列前所未有的应用。例如，房地产经纪人现在可以方便地上传以往房源的文字描述，并仅需单击按钮，即可快速调整强大的 AI 模型以生成类似文本。他们还可以轻松上传新房源的视频和照片，然后简洁地命令定制化的 AI 生成针对该物业的独特描述。而在不远的未来，生成型 AI 的下一波浪潮预计将集中在视频领域，尤其是文本到视频的转换，这不仅是人工智能领域的一个重大飞跃，也是令人振奋的进步。它标志着数字智能时代的一大趋势：互联网的作用正在从单纯的物体互联扩展到人与人之间的深层次交流。随着越来越多的人加入数智时代，企业和组织将日益依赖数据分析来优化业务流程、预测市场动向、定制客户体验，并激发产品与服务创新。用户体验变得更加个性化和互动化。这种转变不仅重塑了消费者的行为模式，也为企业开拓了新的商业模式和市场机遇。

那么，什么是数智时代呢？这个时代通常被视作数字化与智能化相融合的新纪元。**这一概念建立在两个基础之上：一是数字化，即数字技术的广泛应用；二是智能化，指的是人工智能和机器学习技术的不断进步。数字智能时代的到来是随着近几十年数字技术和智能化技术的飞速进步而逐步形成的。**我们可以从几个关键的技术发展阶段来理解这一概念的产生和演变。第一阶段是数字化技术的崛起。20 世纪 80 年代和 90 年代，随着个人计算机的广泛普及和互联网的诞生，我们迎来了数字化时代的序幕。在这一时期，信息开始以数字格式被储存、处理和传递，这极大地提升了信息处理的效率与覆盖范围。早在 1996 年，美国数字经济之父 Don Tapscott 在其著作《数字经济：网络智能时代的前景与风险》中，将数字经济描述为"利用比特而非原子"的经济。他指出："数字经济是指以使用数字化的知识和信息作为关键生产要素、以现代信息网络作为重要载体、以信息通信技术的有效使用作为效率提升和经济结构优化的重要推动力的一系列经济活动。"第二阶段是移动计算和社交媒体的流行化。

随着 21 世纪的到来,智能手机和移动互联网变得普及,这彻底改变了我们获取和传播信息的方式。同时,社交媒体的兴起转变了人们的交流模式和信息共享习惯,导致数据的产生量激增。第三阶段迎来了大数据与云计算的黄金时代。这一时代的来临,无疑为数字化浪潮注入了更为迅猛的动力。海量的数据在这个时代得以高效地搜集、精确地分析,从而在决策层面带来了深刻且独到的见解。与此同时,云计算作为一项关键的技术力量,构筑了一个强大而灵活的存储和处理数据的基础平台,极大地扩展了数据应用的可能性,并优化了数据处理的效率。在第四阶段,人工智能(AI)和机器学习技术经历了重大突破,开始赋予机器处理复杂任务、自我学习和预测未来的能力,从而揭开了智能化时代的序幕。这些先进技术不仅极大提高了数据处理的效率,而且能够洞察深层次的规律和趋势。与此同时,物联网(IoT)和智能设备的飞速发展也是这一阶段的关键特征。随着越来越多的日常设备接入互联网并产生数据,从智能家居到高端工业装备,它们正持续地积累信息,这为数据分析的深化和智慧决策的实施奠定了坚实的基础。数智时代下,企业外部的技术环境、市场环境与人才供需结构,企业内部的发展战略、组织结构、管理模式与员工技能要求都发生了重大变化。进行数智化转型、构建数智型组织已经成为企业应对数智时代环境突变,实现可持续发展的必然选择。人力资源是企业数智化转型发展的基石,数智化时代下,人力资源与技术的关系正在发生深刻变化,如何促进人力资源和技术相互渗透,并通过技术的补充作用实现人力资源的能力和智能的增强,成了企业建立基于数智技术常态化发展范式的关键。为此,企业需要具备数智化思维和运用数字知识、技能创造性解决复杂问题能力的数智型人力资源,推动人力资源管理的数智化转型,以助力企业业务运营升级。

　　数智时代以数据的全面普及和智能技术的深度整合为标志,这些先进技术的交融正根本性地转变着我们的工作模式、生活习惯以及社会构成。因此,展现在我们眼前的数智时代的核心特征涵盖了大数据、云计算、物联网、人工智能等技术的密切融合与实际应用。当然,数字智能时代的本质也可以从以下几个关键维度来理解。**首先是数据驱动的理念。**在这个以数字化为主导的时代,数据已然成为决策制定、创新进程和业务运营的重心。通过尖端技术和复杂算法对海量数据进行分析处理,各行各业得以获得深刻的洞见和前瞻性预测,从而优化其策略和流程。**其次是智能化转型。**企业和组织正通过整合智能技术,例如人工智能(AI)和机器学习,来改进业务流程、提升效率与增强盈利能力。而从技术结合的视角来看,数字智能时代并非仅仅关乎单一技术的应用,而是指包括大数据、云计算、人工智能、物联网等多种技术的集成和互动,这种融合催生了前所未有的潜力和应用范围。**再次是我们经常提及的数字化转型**,即传统行业采纳数字技术进行革新,以适应日益动态化和互联互通的商业环境。总而言之,数智时代强调数据与智能技术的深度融合,以及这种融合在经济、社会、文化等各个层面上所产生的变革和深远影响。

因此,云计算、物联网、大数据和人工智能等关键技术的融合对商业、工作和日常生活产生了深远影响。在商业领域,得益于基于大数据和人工智能的分析能力,我们见证了更多定制化服务与产品的诞生,这使得企业能够向消费者提供更加个性化的选项。举例来说,在医疗行业中,数字智能技术赋能医疗行业,医生依据患者的基因组、健康历史以及具体需求能够设计个性化的治疗计划。这包括定制化药物治疗、基因疗法和针对特定疾病的精准医疗方案。另一个例子是定制化电子商务领域的发展,像淘宝、抖音和亚马逊这样的在线零售平台应用机器学习技术预测顾客的购物习惯,并向他们推送个性化的产品和视频内容。从日常生活的角度来看,在线教育平台能够利用学生的学习速度、兴趣爱好和特定学科的要求为其提供量身定做的学习体验,这包括了自适应学习系统和针对学生需求定制的课程建议。智能家居技术的兴起亦为我们的居住环境带来了极大的便利性。例如,通过智能插座和智能手机的连接,人们可以控制家中的电力使用情况,并根据个人偏好设置用电模式。

然而,从企业的视角出发,商业、工作和日常生活的变化同样在无形中施加了转型的压力。在数字智能时代保持竞争力、适应快速变化并持续生存成了企业界探讨的焦点议题。实际上,现有的众多书籍和研究已经为应对数智时代的人力资源管理挑战提供了关键策略,比如指导企业如何制定数智化战略、明确数字化目标和愿景。这涉及确认数智化技术如物联网、大数据、人工智能等的应用范围以及规划相应的投资和资源分配。此外,企业也可以对技术基础设施进行投资,包括升级公司内部网络、构建云计算平台以及强化数据存储与安全系统。基于此,企业可以通过分析内部积累的数据来获得深刻的洞见,并辅助决策的制定。然而,这些策略虽然在理论上听起来简单,但实际执行却颇具挑战性。因此,我们必须透彻理解数智时代的本质,云计算、物联网、大数据和人工智能等关键技术只是数智生态系统中的不同组成部分。而该系统的本质在于物理世界与数字世界的相互映射及交流,并在这一过程中构建数字资产。其中,运用人工智能技术已成为核心所在。

总而言之,笔者认为数智时代的本质是人与人、物与物的全面互联,即数智时代突破了传统互联网的局限,不再只是物与物的连接,而是实现了人与人、人与物、物与物的全面互联,这种全方位的连接开启了无限潜能与多样化应用场景的大门。例如,人与人之间的沟通和互动不再受地理和时间的限制,社交媒体和在线平台的普及打破了传统的交流障碍,促进了文化和信息的自由流动,同时远程工作、在线会议和云协作平台的兴起也使得专业合作和知识共享变得更加高效。物联网技术的兴起也进一步加深了人与物之间的连接。从智能家居系统到可穿戴设备,人们现在可以通过智能设备与周围的环境进行互动,这些设备不仅提供了个性化服务,还改善了生活的方方面面。此外,物与物之间的直接通信也正在重塑传统行业。在制造业、智慧城市和农业等领域,自动化和智能化技术的应用提高了效率并降低了错误率。

全面互联的时代也催生了众多创新应用。在医疗、零售和教育等各个垂直领域,新技术的不断涌现极大地丰富并便利了我们的生活与工作。然而,这个高度连接的世界同样带来了独特的挑战。数据安全和隐私保护上升为人们极为关注的问题,尤其是随着联网设备数量激增,如何保障个人信息的安全变得尤为迫切。此外,技术发展的不均衡性也可能加剧社会的不平等现象,特别是数字鸿沟的问题。总的来说,数智时代的全面互联正深刻地改变我们的生活和工作方式,带来了无限的可能性和机遇,同时也带来了一系列挑战和问题,这些都需要我们共同面对和解决。

亚马逊是零售行业中数字化转型的佼佼者。如果您浏览过亚马逊或其他电子商务网站,可能会看到一些根据您过去的行为、人口统计数据、居住地或收入水平来推荐的产品。这些是针对您的高度个性化推荐,亚马逊能够利用人工智能实现这一功能。亚马逊通过预测建模,收集并分析您的身份和过去购买行为的数据,来预测您未来可能感兴趣的商品。根据这些信息,亚马逊通过算法可以向您展示您可能喜欢的产品。

亚马逊还会利用数据分析来优化库存管理,并通过个性化推荐算法来提高销量。同时,亚马逊的无人机送货和自动化仓库也展示了未来物流的发展方向。图 1.1 展示了亚马逊在零售行业数字化转型的各个方面。图中是一个繁忙的亚马逊仓库,里面有自动化的机器人和无人机。在仓库内部,一系列复杂的传送带和机械手臂正在对包裹进行分类。在仓库上空,无人机正将包裹送往天空,象征着未来的送货系统。图像的一角还展示了一个数字屏幕,上面显示着个性化的产品推荐,代表了亚马逊基于数据驱动的个性化算法。

图 1.1　亚马逊数智化仓储概念图

物理与数字世界的映射与交互

　　在数智时代,物理世界与数字世界之间的边界愈发模糊。物联网(IoT)技术的不断进步意味着实物可以通过传感器和网络与数字世界相连,实现数据的即时收集和互动。正如前文提到的智能家居系统,它利用物联网技术将家居设备(比如灯光、恒温器、安防摄像头)连入互联网,让它们能够远程操控、自动化运作并进行数据采集。用户通过智能手机应用便能遥控家中各项设施,实现了物理空间与数字领域的紧密融合。此外,增强现实(AR)和虚拟现实(VR)技术也正在改变我们与数字世界的互动方式。例如,宜家(IKEA)运用 AR 技术让顾客可以在自己的居住空间内虚拟摆放家具,便于购买前预览产品在实际环境中的外观。

　　在制造业中,物理与数字世界的融合通过工业物联网(IIoT)实现。传感器和机器人被集成到制造流程中,实时收集和分析数据以优化生产效率和质量。数字孪生技术(创建物理资产的虚拟副本)用于模拟、预测和远程管理工厂操作。数字孪生技术作为物理与数字世界融合的一个重要实例,在许多企业中得到了应用。例如,通用电气(GE)是数字孪生技术在工业应用中的先驱。他们使用数字孪生技术来模拟和分析他们的机器和系统,如风力涡轮机和喷气发动机。通过创建这些设备的虚拟副本,GE 能够预测维护需求,优化设备性能,并提升整体效率。西门子同样利用数字孪生技术进行产品设计、生产流程和效能分析。例如,在其制造工厂中,西门子使用数字孪生技术来模拟和优化生产线布局和操作流程,有效减少了对实体原型的实际搭建与测试需求。宝马在汽车与飞机制造行业使用数字孪生技术来改进车辆设计和生产过程。通过模拟车辆组件和整车性能,宝马能够在实际生产之前测试和优化设计。空中客车公司使用数字孪生技术来优化其飞机设计和制造过程。通过创建飞机部件和系统的虚拟副本,空中客车能够在实际制造之前进行测试和分析,提高生产效率和飞机性能。由此可见,数字孪生技术可以帮助企业在设计、生产、运营和维护方面实现优化,提高效率并减少成本。通过模拟物理资产的数字副本,企业能够更好地预测和解决问题,加速产品开发以及改进服务。

　　与我们生活息息相关的还有增强现实(AR)和虚拟现实(VR)技术。AR和 VR 技术也是数智时代的重要组成部分,它们创造了沉浸式的体验,将物理世界和数字世界结合得更加紧密。Meta(前身为Facebook)在VR领域有着重要的影响,特别是通过其Oculus系列产品。Oculus Quest等设备提供了一个沉浸式的VR体验,广泛用于游戏、教育和训练模拟。Meta还积极探索创建一个名为"元宇宙"的虚拟世界,其中用户可以通过VR头显进行交互和体验不同的虚拟环境。2018年上映的一部名为《头号玩家》的电影讲述的是在2045年,虚拟现实技术已经渗透人类生活的每一个角落。游戏建筑师詹姆斯·哈利迪建造了名为"绿洲"的虚拟现实游戏世界。用户仅需佩戴VR头盔,便能踏入一个与现实形成鲜明对照的虚拟境界。在这个世界里,熙熙攘攘的都市景致、形色各异且神采飞扬的玩家形象汇聚一堂。即使你在现实中处于社会边缘,挣扎求生,置身于"绿洲",你同样能够化身成一名无所不能的超级英雄。

MOJO 视觉

图 1.2　MOJO AR 隐形眼镜概念图

　　想象一个没有屏幕的世界:不是无休止地盯着电脑屏幕,或是低头滚动浏览社交媒体动态和电子邮件,而是当你需要信息时,它就简单地出现在你眼前,不需要时就消失。Mojo Lens是目前MOJO视觉公司正在开发中的一种特殊类型的隐形眼镜。它本质上是一种增强现实设备,能够通过上下文相关的HUD(抬头显示器)来增强用户的视觉体验。这款智能镜片拥有每英寸

14 000 像素的显示屏,配备眼球追踪、图像稳定以及定制无线电波,自称是"有史以来最小最密集的动态显示屏"。不同于目前的增强现实可穿戴设备,如谷歌眼镜或 ThirdEye 将图像投影到玻璃屏幕上,Mojo 智能镜片能直接将图像投射到视网膜上。

目前市面上的几款电子眼镜,如 Acesight 和 NuEyes Pro,为视觉障碍者提供了类似的解决方案,但它们体积庞大、笨重且非常显眼。Mojo 镜片将是一个更为隐蔽、更舒适的替代品,为用户提供更多的活动自由和独立性。Mojo 提供的一些实际应用示例包括语言翻译、运动数据和身体指标、路线指引和风险检测。

作为"隐形计算"领域的首批例子之一,Mojo 镜片在医疗领域的潜在应用是无限的。帮助视力低下者只是 Mojo 镜片可能的第一种医疗应用;增强现实技术已经在医学领域被应用,并且有望在未来几十年内彻底改变这一领域。例如,AccuVein 是一种使用激光提供静脉实时图像的设备,广泛被医生和护士用于辅助插入针头进行静脉注射和血液测试。

根据美国国家生物技术信息中心的数据,现实增强技术已经在外科手术中使用了多年,外科医生使用诸如谷歌眼镜之类的设备将关于患者的关键信息叠加到他们的视野中。其开发者表示使用像 Scopis 的全息导航平台这样的软件,外科医生可以看到混合现实叠加图像,它可以"展示复杂的肿瘤边界,协助植入物放置并指导你沿着解剖路径进行"。

虽然现实生活中,我们距离电影里的场景实现尚有一段距离,但像抖音、Snapchat 这样的社交应用程序已让用户能够通过各种 AR 滤镜和效果,在自拍照片和视频中增添动态及互动元素,这种易于接触的 AR 应用促进了增强现实技术的广泛普及。这进一步模糊了我们物理世界与数字世界之间的界限。许多开发者也开始探索人物的虚拟化,创造出形形色色的虚拟角色。2021 年10 月底,一个名为"柳夜熙"的账号在抖音发布了其第一部作品。在柳夜熙出现之前,大多数的虚拟人是以 CG 动画或者人工智能形成的虚拟形象。然而柳夜熙逼真生动,发丝纹理、手部动作几乎与真人无异,虚拟人与现实人的交互也异常顺滑。柳夜熙的出现代表着元宇宙与现实世界的连接桥梁已经开始搭建,也开拓了传统 IP 经济和元宇宙未来的商业可能。

从企业运营的视角出发,若要深入把握数字智能时代的核心精髓,首先,需构筑健全的 IT 基础设施,其中包括云计算、数据存储和网络安全等关键组成部分,以确保企业能够支撑起大规模的数据处理和分析工作,然后利用物联网技术将物理世界的设备连接到数字世界,实时收集和分析数据,以优化运营效率和产品质量;其次,需要创建物理资产的虚拟副本,通过模拟和分析优化产品设计、生产流程和维护策略;最后,需要确保用户在数字世界中的体验与物理世界的体验无缝对接。当然,实现物理世界和数字世界之间的映射与交互,依赖于一个以数据驱动的组织架构。这要求从高层管理到一线工作人员,每个人都应具备解读数据并据此做出决策的能力。利用大数据分析工具来发掘洞见、预测市场动向,并指导产品开发及市场营销策略。在员工层面,团队成员需要掌握新技能来应对这些转变,包括数据分析、机器学习和数字工具的应用。同时,塑造一个鼓励创新、能灵活适应变革的组织文化也至关重要。

数字资产的打造

最近拜读了神州数码郭为董事长写的《数字化的力量》一书,其中讲到企业数字化转型的四个核心方向在于资产数字化、产业数字化、决策数字化和企业无边界。笔者非常认同郭为董事长提到的以资产数字化赋能资产的理念。企业想要实现真正的数智化转型,关键在于打造数字资产,并且将现有的物理资产转变为数字资产,这也是企业布局数智化战略的第一步,这样不仅可以全面支撑未来的战略决策,还可以将物理与数字世界连接。

对于物理资产和数字资产我们可以这样去定义:物理资产指的是具有实体形态的资产,它们具备物质性存在,包括机械设备、建筑、库存商品等,这些通常被用于生产、分销或提供服务。物理资产的价值主要受其物理特性(如大小、重量、材料)、地理位置以及在生产和服务过程中扮演的角色影响。相对而言,数字资产则指那些以数字形式存在的资产,比如加密货币、著作权作品、软件、数字媒体内容和非同质化代币(NFT)等。数字资产的价值并不取决于物理属性,而是建立于其内容质量、稀缺性、市场需求,以及所属的数字平台或网络生态系统之上。此外,将现实世界中的员工数字化为虚拟角色,并利用员工画像的多种属性来桥接物理世界与数字世界的差异,也是企业在构建数字资产时的一个关键步骤。

从定义中我们不难看出,物理资产与数字资产之间有着巨大的差异,例如从形态和存在方式上,物理资产是有形的、占用空间的,而数字资产是无形的,存储在数字媒介中。物理资产与数字资产的价值来源也不同。物理资产的价值通常与其功能、物理属性和使用寿命相关,而数字资产的价值则更多地与其数据内容、稀有性和需求有关。比较直观的就是艺术品的数字化。艺术家和收藏家们通过创建艺术品的 NFT,将物理艺术品转换为数字资产。这些 NFT 代表了对原始艺术品的所有权或复制权,可以在数字市场上交易。这种方式不仅提高了艺术品的可访问性,还创造了新的收入来源。在交易和流动方式上,物理资产通常需要物理交付,而数字资产的交易和转移可以即时在网络上完成。物理资产不能被完美复制,因为每个实体都是独一无二的,而数字资产可以无损失地无限复制。

然而,企业若想在未来的产业竞争中立足,数智化的转型过程是至关重要的,特别是将物理资产转换为数字资产这一环节。数字资产能够在市场上更便捷、更迅速地进行交易,从而提升资产流动性。数字化还能减少存储、维护及交易过程中的成本。通过数字化,企业得以触及更加广泛的市场与客户群,同时依托区块链等技术,实现更高水平的透明度和可追踪性。

当然,不同行业不同企业的情况不一样,能够转换的数字资产也不相同。有些生产型企业在供应链管理中,物理资产(如货物、原材料)的状态和位置可以通过数字化跟踪和管理。例如,利用物联网技术和区块链,企业可以创建一个透明、可追溯的数字资产系统,以实时监控和管理物理资产的流转。2023年,笔者组织思谋会的企业家们参访了成都的一些企业,其中包括新希望集团旗下的一家冷链公司。这家公司不仅运用了物联网设备(如智能标签和传感器)来追踪库存情况,而且他们的设备还能实时监控库存水平、环境条件(包括温度、湿度)以及产品的流转情况。此外,他们还采用了数字孪生技术创建了产品运输与仓储虚拟副本,这使得他们在虚拟环境中能够模拟、分析和测试各种不同场景。

如图1.3所示,物理资产转换为数字资产的一个概括性步骤如下:

第一步:策略规划和目标设定。明确转换物理资产为数字资产的目的和预期结果。这可能包括提高流动性、降低交易成本、增加市场访问等。

第二步:选择资产类型。决定哪些物理资产适合转换,如房地产、设备、艺术品、珍贵金属、人才资源等。

第三步:法律和合规性审查。咨询法律专家,确保转换过程遵守相关法律和监管要求。并且对选定的资产进行合规性评估,包括税务、版权、所有权验证等。

第四步:技术选择和平台建设。在企业内部选择合适的数据中台,考虑的范畴包括性能、安全性、成本和兼容性;对外的连接企业可以选择区块链平台。

第五步:资产评估和数字化。对物理资产进行全面评估,确定其市场价值。将资产的相关信息(如价值、所有权、历史数据)转换为数字格式。

第六步:安全性和风险管理。确保企业内部数据中台、企业外部的区块链平台的安全,包括加密、访问控制等。并且识别和评估与代币化相关的风险,如市场风险、技术风险等。

第七步:持续监控和调整。持续监控企业内外部数字资产的表现和接受度,根据内外部反馈和业务需求调整策略和操作。

图 1.3　物理资产转换为数字资产的概括性框架

MANSCAPED 是一家位于美国加利福尼亚州圣地亚哥的男性美容公司，成立于 2016 年，由 Paul Tran 创立。该公司生产和分销男性美容工具和卫生产品，并以"Manscaped"品牌进行销售。从一开始，MANSCAPED 就通过在YouTube、Instagram、Facebook 和 Twitter 上发布关于男性美容的有趣广告，针对新生代和 Z 世代进行营销，从而打响了品牌名声。这种营销策略帮助MANSCAPED 在国际上取得增长，并稳步提高了其收入，仅用几年时间就成为一个广为人知的品牌。随着公司的发展，创意服务和营销团队开始难以跟踪公司服务器和 Dropbox 账户中积累的大量内容。最新并符合品牌风格的内容变得越来越难以快速找到和与同事分享。这个迫在眉睫的问题威胁到了企业持续增长的势头。他们希望通过数字资产的打造实现以下两个目标：

①可扩展增长：MANSCAPED 起初作为一家创业公司，充分利用其资源。他们依靠云存储系统（如 Dropbox）、个人硬盘驱动器，最终还有一些公司服务器来管理数字内容。随着组织的成长，公司用于与消费者联系的数字"资产"日

益分散在不同的位置。MANSCAPED 需要一个能够随着业务成长的统一管理数字资产的地方。

②精确搜索:将所有有价值的内容放在一个地方的传统挑战在于,内容的海量使得管理变得困难。当员工需要在每个文件夹中筛选数千个文件时,快速找到单个资产几乎成为不可能。MANSCAPED 的创意和营销团队不仅需要找到合适的地方来存放他们的内容,还需要以有组织、高效的方式构建他们的图书馆,以便快速搜索。

他们借助了 STACKS 公司的解决方案并采用了数字资产管理系统,帮助营销和创意团队更有效地跟踪和组织内容,从而支持了公司的持续增长。而且 MANSCAPED 现在拥有一个可扩展、丰富、有组织、集中且可搜索的系统,用于存储、共享、搜索和使用对品牌成功至关重要的数字内容。这使得他们的团队能够自信地继续利用营销内容来发展业务。

从上述案例中我们不难看出,数字时代的其中一个本质就是企业需要打造数字资产。在确定了哪些资产将转化为数字形态之后,接下来就涉及对这些数字资产的管理问题。数字资产管理(DAM)是指使用软件工具和流程有效地组织、归类和检索数字资产。它涉及创建一个结构化和高效的系统,使企业能够最大化其数字资产的价值。DAM 超越了简单的文件存储和组织,涉及提高协作效率、增强品牌一致性等。在现代商业环境中,DAM 对于高效管理和访问日益增多的数字资产至关重要,提供了中央存储库、高级安全性和性能跟踪功能,帮助企业优化营销策略和未来活动。在 STACKS 公司采用的案例中,有一个重点不容忽视,就是数字资产管理的生命周期。现总结为五个阶段:

①数字资产的创建/获取:数字资产的产生不应随机或听任时机,需要战略性地创建或购买。

②数字资产的批准:即使有明确的策略和品牌指南,也不保证每个资产都符合组织的信息传递、核心价值、品牌身份或 Instagram 页面的色彩方案。组织应有资产的批准流程。

③数字资产的摄入:摄入是将批准的资产添加到库中的过程,涉及数字资产管理工具如元数据标签、文件名、文件夹结构、权限等。

④数字资产的分发:在这一阶段,资产被用于为组织创造价值。资产经过创建、批准、搜索和安全保护后,存放在 DAM 系统中供最终用户在负责的渠道上使用。

⑤数字资产的归档:与人类一样,所有数字资产最终都会失去其对组织日

常活动的相关性。这些资产需要从当前的DAM库中移除,并放置在有组织且易于导航的存档中。

数字资产管理的流程涉及多个关键环节,其核心在于有效组织、存储、检索和分享数字内容,如图片、视频、文档等。首先,DAM的实施开始于对现有数字资产的彻底审核,明确需要管理的内容类型及其存储位置。接着,制定适当的资产分类和标签系统,确保资产易于查找和使用。然后,选择合适的DAM软件平台,将资产导入该系统,并应用之前制定的分类和标签。接下来的步骤是维护和管理这些资产。这包括定期更新资产,保证信息的准确性和时效性。同时,需要设置适当的访问权限,确保安全性和合规性。此外,有效的DAM流程还包括监控和分析资产使用情况,以评估其对业务目标的贡献,并据此优化管理策略。因此,数字资产管理的核心在于确保企业的数字资产得到有序、安全且高效的存储和利用,从而支持企业的营销战略、品牌塑造以及整体运营的效率提升。通过这种管理方式,DAM不仅提高了工作效率,还为企业带来了更大的灵活性和竞争优势。在数字资产管理领域,虽然不存在一个统一的"标准流程",但业界通常会遵循一些广泛认同的最佳实践。有效的DAM流程需要结合组织的具体需求和资源状况进行定制化设计。这不仅涉及技术层面的部署,还包括推动组织文化的变革,以确保团队成员能够理解并遵循新的管理程序。随着企业需求的演变和技术进步,DAM流程也需适时进行调整和优化。

生成式 AI 与 DAM 的关系

数字资产管理的一个主要挑战是准确地按照组织的分类法对资产进行分类并标记元数据。生成式AI有助于克服这一挑战,它提供了自动化的元数据标记功能。通过生成式AI,组织可以训练算法分析资产的内容,并自动分配相关的标签和类别。目前,训练AI模型需要时间并且需要人工监督。然而,如果做得正确,这一功能可以节省时间并消除标记过程中的人为错误,使资产管理更加高效,搜索结果也更成功。第二,生成式AI还为组织提供了自动创建和增强其数字资产的能力。利用生成式AI,他们可以基于现有资产生成新的资产。例如,AI算法可以分析一张图片,并生成几个版本,比如不同的色彩方案、裁剪或定位。第三,生成式 AI 在数字资产管理中的另一个重要好处是改善了搜索和检索的效果。通过自动化的标记和分类,组织可以更有效地搜索特定资产。此外,生成式 AI 可以分析资产的上下文,并建议类似的资产,使查找和检索相关内容变得更加容易。元数据还可以提供关于人工生成和 AI 生成内容表现的信息。因此,附加标识 AI 生成内容的标签非常重要。

在未来,生成式 AI 在数字资产管理中的应用具有巨大潜力,其用例不断扩展。DAM 中使用生成式 AI 的一些应用可能包括:

①个性化:生成式 AI 能够帮助组织为单个用户个性化其资产。利用 AI,他们可以基于用户的偏好或行为生成定制的图像、视频或音频文件。个性化内容可以推动销售,这对于电子商务行业的组织特别有益。

②实时资产生成:未来,组织可能能够根据用户需求实时生成数字资产。例如,电子商务网站可以根据每个用户的搜索历史和偏好生成定制的产品图像,而无须组织内部用户的深入、具体提示。

其实不难发现,数字资产的打造是为了模糊物理与数字世界的边界,最终可以形成物理与数字世界的映射与交互,而笔者认为,最终的工具将会是数字孪生技术。如图 1.4 所示,数字孪生技术是一种创新的数字化模拟技术,它通过创建物理实体的虚拟副本来模拟、分析和预测实际系统的行为和性能。数字孪生技术的核心在于构建一个精确的虚拟模型,该模型是基于物理实体的详细数据和运行参数构建的。这一技术的应用涵盖了从单个产品或设备到复杂的系统和过程,如制造流程、供应链、城市管理乃至整个生态系统的模拟和优化。通过实时数据收集和分析,数字孪生能够实时反映物理实体的状态,预测未来性能,指导决策制定,并优化操作流程。IBM 的 Watson 平台结合了先进的数据分析和机器学习算法,能够处理和分析来自数字孪生中复杂系统的海量数据,从而提供洞见和预测,帮助企业优化性能,减少运营成本,并促进创新。而数字孪生技术的发展和应用展示了未来数字化转型的巨大潜力,不仅能够提升企业和行业的运营效率和创新能力,还能够支持更广泛的社会经济发展和环境可持续性目标。

组件孪生/部件孪生
组件孪生是数字孪生的基本单元，是最小的功能组件示例。部件孪生大致相同，但属于重要性稍差一些的组件。

资产孪生
当两个或多个组件一起工作时，就形成了所谓的资产。资产孪生让您能够研究这些组件的交互，创建大量可处理的性能数据，然后转化成可行的洞察成果。

系统孪生或单元孪生
进一步的放大则包含系统孪生或单元孪生，能够展现不同的资产如何汇聚在一起，共同形成一个完整的功能系统。通过系统孪生，您可以看到资产之间的交互，还可获取有关性能优化方面的建议。

流程孪生
流程孪生(宏观层面的放大)展现系统如何通过协同工作来建立整个生产设施。为达到最高效率，那些系统是否都同步运行？或者一个系统的延迟是否会影响其他系统？流程孪生可帮助确定最终影响整体效率的精确时间控制方案。

图 1.4　IBM 数字孪生技术类型

图片来源：IBM 网站。

人工智能技术的使用

什么是人工智能？

人工智能(AI)的概念起源是一个层次丰富且广泛讨论的领域,涉及多位先驱者的贡献和一系列标志性事件。探寻这一领域的早期贡献者首先是沃伦·麦卡洛克和沃尔特·皮茨,他们在1943年的开创性工作奠定了AI研究的基础。通过提出"麦卡洛克-皮茨神经元"模型,他们首次使用数学模型来模拟神经元活动,为人工智能的发展提供了理论基石。阿兰·图灵紧随其后,在1950年发表的论文中提出了著名的图灵测试,这成为评判机器是否能展现智能行为的一个基准。图灵的这一贡献不仅对人工智能的早期发展产生了深远的影响,而且他的思想至今仍是AI研究的核心。然而,人工智能作为一个独立学科领域的诞生,普遍被定位在1956年的达特茅斯会议。在这次历史性的聚会上,约翰·麦卡锡、马文·明斯基、纳撒尼尔·罗切斯特以及克劳德·香农等人不仅首次提出了"人工智能"这一术语,而且围绕机器智能的可能性进行了深入讨论,为该领域的研究方向和目标设定了明确的框架。这次会议因此被视为人工智能研究领域的正式启航点,对后续的发展产生了不可估量的影响。尽管关于AI起源的具体细节存在不同的解读和争议,达特茅斯会议及其参与者的集体贡献无疑是人工智能历史上的一个里程碑。同样,图灵的前瞻性思想以及麦卡洛克与皮茨的理论研究,都是构成人工智能发展史不可或缺的部分。因此,将达特茅斯会议视为人工智能学科诞生的标志,不仅有着充分的理由,而且强调了AI作为一个独立研究领域的正式起点,这一观点得到了广泛的支持和认可。

在早期的研究中,学者们普遍认为人工智能的主要功能是试图对智能实体进行理解,因为它包含了装置的思维过程、推理以及行动。早期的研究者将人工智能定义为能够感知其周围环境并根据情境最大化地采取行动以实现目标的任何装置。而现今,学者们倾向于认为人工智能是一个能准确地解释外部数据,并通过所获数据学习,灵活适应环境变化以完成特定目标和任务的系统。从定义上来看,人工智能的隐性属性涉及机器模仿人类的理性思考与行为,表现为一个将数据转化为信息、信息转化为知识、知识进一步升华为智慧的智能化转化过程,具体如图1.5所示。

　　本质上,人工智能的核心在于应用机器学习算法来模拟人类的思维和信息处理机制,从而使机器能够执行人类智能所能完成的任务。这一过程是赋予计算机智能的基本途径。这些算法在人工智能的多个领域中都有所应用,它们主要通过综合和归纳而非纯粹的演绎推理,使机器不断地学习和更新知识。依托于符号系统,机器可以进行诊断、推理与决策,模仿人类进行模式识别,甚至是语音和感知识别,以实现人们设定的目标和任务。

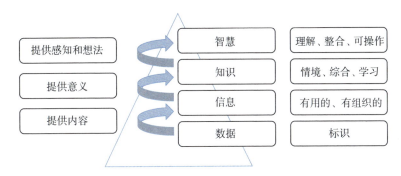

图1.5　人工智能信息处理递进关系

图片来源:作者整理。

　　为了有效地将人工智能融入人类的生活和工作中,研究者们通常选择采用两种逻辑方法:第一种是"智慧的进化"逻辑,这种方法着眼于技术革新,与人类思维认知和创新能力的发展同步,通常通过构建人工神经网络,使机器能够通过数据分析自我进化;第二种是"机器的进化"逻辑,它侧重于人类在运用静态和动态知识方面的进步,一般通过符号和专家系统,以人工输入的算法和逻辑让机器进行推演。当前全球商业化的人工智能研发趋势实际上结合了这两种逻辑:一方面,通过计算方法和模型构建实现"机器的进化";另一方面,通过开发智慧平台、智能机器人等多样化的终端产品来实现"智慧的进化"。这种双重研究逻辑的融合催生了市场上的人工智能产品。

　　不同学者基于不同标准对人工智能的发展阶段进行了划分。学者 Russell 和 Norvig 在2003年时按照时间轴对西方早期的人工智能发展界定进行了划分(如表1.1所示)。而更近期的学者,如 Kapland 和 Haenlein 在2019年根据人工智能成熟度,将其归纳为初级、中级、高级三阶段。初级阶段,人工智能的应用局限于某些特定行业,无法独立解决问题,仅能在某些方面超越人类的能力;中级阶段的人工智能可以跨行业应用,能够独立处理部分问题,并在多个方面超越人类能力;到了高级阶段,人工智能可广泛应用于任何行业,能够迅速且独立地解决各类问题,并能在多方面全面超越人类。

表 1.1　基于时间轴的早期西方人工智能的发展阶段

年份	阶段	标志性事件
1943—1956	人工智能的萌芽期	生理学与神经元实验出现 国际象棋电脑程序出现 McCarthy 在达特茅斯学院首次提出人工智能概念
1956—1974	人工智能的幼儿期	在计算机程序里融入人类认知科学 更加智能的围棋程序出现 人工智能的编程语言 Lisp 出现 通过 Lisp 搭建了人工智能"微型世界" 逻辑思维及几何被融入程序编程中 基于知识的系统程序出现
1974—1980	人工智能的瓶颈期	许多政府支持的人工智能项目被取消 早期的人工智能程序只是应用"微型世界"有限的数据,无法接受更庞大的数据量 信息的类型限制了程序的分析能力
1980—2003	人工智能的产业期	人工智能开始形成产业 研究者开始着手于芯片和人机界面 物理学家开始参与人工智能的研究 科学家开始研究语音识别系统 简单的计划系统出现在制造业

数据来源:根据 Russell 和 Norvig(2003)整理。

　　人工智能的发展关键在于"智慧的进化"和"机器的进化"的相互促进。依据 Kapland 和 Haenlein 在 2019 年提出的划分标准,当前的人工智能产品研究与开发还仅仅处于初始阶段。以目前银行业务中的机器人为例,它们虽然能够与顾客进行对话,但这种交流仅仅是基于预设的数据和捕获对话中的关键词或关键句子来实现的。这些机器人还不能帮助客户解决具体个性化的业务问题,也难以回答非业务相关的问题。学者张钹认为,在人工智能研究中,"机器的进化"意味着利用机器来模仿人类的智能行为,包括理性思考、感知和行动。由于人类的现实感知是在社会构建的基础上形成的,将现实感知转化为人类智慧的关键在于无数的日常常识,而这些常识是目前的人工智能尚未掌握的。因此,现阶段的人工智能还未能达到高度的智慧水平,在"智慧的进化"方面尤其显得不足。

　　学者们基于人类的感知、认知、创新和行为系统,进一步概括了人工智能在不同阶段的功能表现(如表 1.2 所示)。具体而言,2012 年学者 Farh 等人对人工智能的功能系统与阶段进行了划分。初级阶段的人工智能系统具备了感知系统,在人们触摸某些机器人的情况下,机器人会给予一定的表情或者语言反馈。虽然人工智能系统无法体验情感,但是可以训练其识别面部微表情然后进行相应反馈。而中级阶段的人工智能系统,能够利用和分析历史数据为未来决策提供信息。比如,有学者通过研究员工的情绪智力和社交智力来判断员工绩效是否有所提高,从而反映人工智能系统在组织管理中的应用是否有助于提高组织或员工绩效。此外,还有学者通过研究大数据分析系统判断组织价值链中的动态能力,主要侧重于知识分析。但总体而言,人工智能目前还未全面发展到高级阶段,尚未具备自我意识,以及涵盖感知、认知、行为的功能。由于这些缺陷,人工智能目前还无法像人类那样具备自行创新能力。

表 1.2　人工智能的功能系统与阶段分类

功能系统	人类	人工智能		
		初级阶段 (数据分析)	中级阶段 (信息分析)	高级阶段 (知识分析)
感知系统(感官的传递)	具备	具备	具备	具备
认知系统(通过感知、动机形成)	具备	不具备	具备	具备
创新系统(从常识中收获的灵感)	具备	不具备	不具备	不具备
行为系统(表现出的行为举止)	具备	不具备	不具备	具备

数据来源:基于 Kapland 和 Haenlein(2019)整理而成。

ChatGPT 和类似的 AI 技术可能会以各种方式显著影响业务和人力资源管理(HRM):

• 日常任务自动化:AI 可以自动化 HRM 中的日常重复任务,例如整理简历、安排面试和回答常见问题。这可以使 HR 专业人员能够专注于他们战略性的角色。

• 增强招聘流程:AI 可以通过分析简历和申请来更有效地筛选候选人,寻找特定技能和经验。它还可以协助进行预测分析,以确定哪些候选人最有可能在工作角色中成功。

• 个性化员工体验:ChatGPT 可以为员工提供个性化支持,即时回应 HR 相关查询,这可以提高员工参与度和满意度。

• 培训和发展:AI 可用于个性化培训和发展计划。它可以分析员工当前的技能集并提出量身定制的培训计划,以帮助他们在职业生涯中成长。

• 数据驱动的决策制定:AI 工具可以分析大量 HR 数据,以识别趋势和模式,辅助决策。这可能包括了解员工流失、预测未来的人员需求或评估 HR 政策的影响。

· 提升员工福祉:聊天机器人和 AI 系统可以为员工福利计划提供支持,提供心理健康、工作生活平衡和压力管理的资源和帮助。

· 减少偏见:如果从伦理上编程,AI 可以通过专注于技能和资格而不是主观标准来帮助减少招聘和晋升中的无意识偏见。

· 法律和合规援助:AI 可以帮助确保 HR 实践符合法律法规,降低法律问题的风险。

· 战略性 HR 规划:借助 AI 的预测分析,HR 可以预测未来的人才需求并进行更具战略性的劳动力规划。

· 内部沟通:AI 可以增强内部沟通,促进不同部门和地点之间的更顺畅协作和知识共享。

然而,也有需要考虑的挑战,如确保数据隐私、管理 AI 在工作场所的伦理影响以及需要持续培训和更新 AI 系统以适应不断变化的 HR 需求和实践。此外,HRM 的人类元素,如同理心、理解和个人判断,仍然至关重要,不能完全被 AI 替代。

人工智能与商业智慧

值得我们注意的是,有必要区分人工智能(AI)与商业智慧(Business Wisdom,简称 BW)。在托马斯·查莫罗·普雷姆兹克的新书《我,人类:人工智能、自动化以及收复人类独一无二之处的求索之路》中,作者深入探讨了人工智能这一双刃剑如何重新塑造我们的生活和工作方式,同时挑战我们对人性独有特质的理解和价值。尽管 AI 的发展为人类社会带来了前所未有的优化和效率,但同时也加剧了分心、自私、偏见和自恋等不良倾向,对人类行为和人机关系的本质产生了深刻影响。书中最核心的观点是,尽管 AI 和自动化技术不断进步,人类独有的特质和价值不仅不应被忽视,反而应当被更加珍视和强化。因此笔者认为,我们不得不在不断学习与探讨人工智能的基础上,了解如何在商业智慧中正确使用人工智能。**商业智慧指的是一种融合分析技能、经验、直觉以及战略思维的能力,它在商业决策和领导力方面发挥着关键作用。**这种智慧不仅反映在对数据和信息的深刻理解及其应用上,还涵盖了对市场趋势、竞争对手动态及内部实力的全方位洞见。商业智慧的核心在于依托经验和直觉,迅速且有效地做出决策,特别是在信息不完整或不确定的情况下。同时,它还涉及高度的道德和伦理判断力,确保商业行为不仅追求利润最大化,也符合社会责任和可持续性的要求。此外,商业智慧还强调出色的人际关系和沟通能力,这对于建立团队信任、管理客户关系及协调各方利益至关重要。在不断变化的商业环境中,具备商业智慧的领导者还需要展现出卓越的适应性和持续学习的能力,以有效应对新技术、市场变化和组织发展所带来的挑战。因此,商业智慧是一种结合了深厚的业务理解、敏锐的市场洞察和高效的决策能力的综合素质。

人工智能与商业智慧的结合,正日渐成为推进企业转型和提升竞争力的核心动力。AI 在数据处理和模式识别上的突出能力,与商业智慧对市场洞察、战略规划和决策智慧的要求相结合,产生了强大的协同效应。例如,AI 可以通过分析历史数据和市场趋势,为企业提供基于数据驱动的洞察力,而这些洞察力正是商业智慧的核心。AI 技术能够帮助企业识别出潜在的市场机会,预测未来趋势,并提供关于客户行为和偏好的深入理解,这些都是制定有效商业策略的关键要素。

此外,AI 在提升决策质量和速度方面的作用是不容小觑的。企业通过运用机器学习和数据分析工具,能够更迅速地做出基于数据的决策,并在复杂的商业环境中保持灵活与适应性。AI 不仅加快了数据处理与分析的步伐,而且通过预测分析和自动化推荐系统,帮助企业在竞争激烈的市场中维持领先地位。例如,在零售行业中,企业可以借助 AI 优化库存管理、预测客户需求,这样做既可以减少库存积压,也能提高销售效率。同时,AI 的风险管理和欺诈检测能力在金融行业等领域显得尤为重要,为企业提供了更为坚实的安全保障。AI 与商业智慧的结合并不仅限于数据分析和决策支持层面,它还拓展到了客户体验和服务创新领域等多个领域。随着 AI 技术的持续进步,诸如聊天机器人和个性化推荐系统等先进工具正在革新企业与客户之间的互动模式。这些工具使企业得以提供更为定制化、响应迅速且高效的服务,进而提升客户满意度与忠诚度。在营销领域,AI 的应用让企业有能力更精准地识别并锁定目标客户群,借助个性化营销战略以优化转化效率。总而言之,AI 技术的引入不仅为商业智慧奠定了坚实的数据驱动基础,还使得企业在面对瞬息万变的市场环境时,能够做出更精明、效率更高且富有创新性的决策。AI 技术不断演进与广泛应用,预示着它在推动商业智慧发展与塑造未来商业模式方面将扮演愈发关键的角色。

2024 年及以后,企业应当通过有效地利用人工智能来增强商业智慧。**AI**

的核心优势在于其对大数据的分析能力和模式识别能力,这可以帮助企业从海量信息中提炼出关键洞察,从而为商业决策提供强大的数据支持。首先,企业可以利用 AI 进行市场趋势分析、消费者行为预测和竞争对手分析,这些都是制定有效商业战略的基石。其次,通过集成先进的机器学习和自然语言处理技术,AI 可以帮助企业自动化决策流程,提升决策效率和精准度。此外,AI 在塑造个性化客户体验和服务创新方面的应用正变得日益重要,比如通过聊天机器人和推荐系统提供的定制化服务,显著提高了客户满意度和忠诚度。企业也应当充分利用 AI 在风险管理和预测分析上的强项来辨识潜在的风险与机遇,以做出更严谨的商业抉择。同时,企业领导者需要不断学习并适应 AI 技术的发展,保持对新兴技术和市场趋势的敏感度。因此,通过融合 AI 和商业智慧,企业不仅能够提高决策水平和业务效能,还能在激烈的市场竞争中维持持续的创新力和竞争力。

当然,笔者认为在这个过程中,企业要布局机器学习的相关技术,因为在将人工智能融入商业智慧的过程中,机器学习(ML)起着核心作用。作为 AI 的关键分支,机器学习通过使计算机系统从数据中学习,为企业提供了深入的数据洞察和模式识别能力。这一技术在理解市场动态、消费者行为,以及优化产品和服务方面极为重要。机器学习算法能够分析大量历史数据,帮助企业做出更精准的预测和决策,特别是在复杂和不断变化的商业环境中。例如,在金融服务领域,机器学习的应用可以极大地提高投资决策的准确性和市场风险的预测能力。

此外,机器学习在推动企业作业自动化和提升操作效率方面起着关键作用。它能够自动化处理大量原本依赖人工执行的任务(如数据处理和客户服务),从而有效降低成本并提高作业效率。在客户体验层面,通过分析客户数据,机器学习使得企业能够提供更加定制化的服务和产品推荐,这增强了客户满意度,进而提升了忠诚度。在风险管理领域,机器学习同样扮演了重要角色,特别是在信用评分与欺诈检测等方面,能够有效识别和管理潜在风险,为企业构筑更牢固的安全防线。至关重要的是,随着时间的推进和数据的不断积累,机器学习模型持续学习和进化,意味着企业的分析和决策能力将不断得到优化。因此,机器学习作为连接 AI 技术与商业智慧的桥梁,不仅加深了企业对市场和客户的洞察,也提高了企业在迅速变化的商业环境中做出灵活而精确决策的能力。这一飞跃性进步极大强化了商业智慧的实用性,让企业在迎接挑战和捕捉机遇时更为得力。

Netflix 的推荐系统的主要任务是帮助他们的会员发现他们会观看并享受的内容,以最大化他们的长期满意度。这是一个具有挑战性的问题,因为每个人都是独一无二的,拥有多种兴趣,这些兴趣在不同情境下可能会变化,尤其是在他们不确定想看什么的时候最需要推荐系统。做好这件事意味着每个会员都能获得独特的体验,让他们能够最大限度地享受 Netflix。作为一个月度订阅服务,会员满意度与个人继续使用 Netflix 服务的可能性紧密相连,这直接影响 Netflix 的收入。因此,推荐系统的价值可以通过提高会员保留率来衡量。经过多年个性化和推荐技术的发展,Netflix 已经能够持续在保留率上创造有意义的提升。

Netflix 的内容推荐系统是一个优秀的机器学习应用案例,通过精准分析用户的观看历史、评分和偏好来提供个性化的电影和电视节目推荐。这个系统不仅考虑了用户所观看的内容,还包括了观看的时间、日期、使用的设备以及观看时长等多种因素,以此创建一个高度个性化的用户画像。Netflix 不断地测试和优化其推荐算法,通过对照测试(A/B testing)来评估不同算法的效果,并根据用户的实际反馈和行为数据来调整推荐策略。这种个性化的推荐方式极大地增强了用户的参与度和留存率,用户可以更容易地发现和观看他们感兴趣的内容,从而延长了在平台上的观看时间。此外,这个推荐系统还帮助用户发现那些可能未被大规模宣传的节目和电影,提高了这些内容的观看率。Netflix 的这种数据驱动的方法不仅显著提高了用户满意度,也成为提高公司业务增长的关键驱动力之一,展示了机器学习在提升用户体验和推动业务发展方面的巨大潜力。

连接企业与产业生态系统

笔者认为,在数字化时代的本质中,除了物理世界和数字世界的交互、打造数字资产、使用人工智能技术,最关键也最难做到的是将企业与产业生态系统进行连接。企业与产业生态系统的连接是一个复杂的概念,它涉及如何将企业有效地融入更广泛的产业网络中,包括供应商、客户、合作伙伴、竞争对手以及相关的政府和非政府组织。这种连接是双向的,既包括企业对外界影响的方式,也包括外界如何影响企业的运作。在诸多关联方当中,每个组成部分都有自己的需求、优先级和工作方式,这使得整合和协作变得复杂。此外,不同组织可能使用不同的技术平台和标准,这增加了数据共享和流程整合的难度。再加上快速变化的市场环境和技术创新,企业需要不断适应新的挑战和机遇,这些因素综合起来,使得连接企业与整个产业生态系统成为一个既关键又难以实现的目标。成功做到这一点,对于提升企业的竞争力、创新能力和市场响应速度至关重要。

在广义上,企业与产业生态系统的连接涉及企业如何在更宽广的商业、技术和社会网络中构筑并维系关系网,目的在于资源共享、信息流通以及合作创新。这种紧密的生态系统联结使得企业能够更加灵活地适应市场动态,捕捉新兴机遇,并增强自身的竞争力,同时也推动整个产业发展向好。从企业的视角来看,这样的联结强化了它们在产业生态内的地位和作用。特别是在数字化智能化时代,企业不再是孤立的存在,而是变成了产业生态体系中一个互联互通的重要部分。在这个过程中,人力资源的作用至关重要,它不仅关乎企业内部的人才培育和组织效率的提升,还直接影响到企业与外界环境的互动和协同合作。

在连接企业与产业生态系统的过程中有三个关键因素值得思考。第一,企业的创新和协同发展。在数字化驱动的生态系统中,创新是保持竞争力的关键。企业通过与产业生态系统中的其他组织(如供应商、客户、研究机构等)进行协同合作,可以共享资源、技术和信息,加速创新过程。例如,通过人力资源管理,企业可以开发跨组织的培训项目,共享关键技能和知识,促进整个生态系统的能力提升。第二,企业展现出对市场变化的灵活适应性。在数智时代,市场的变迁是快速且难以预料的。企业通过积极融入产业生态系统,能够更敏锐地捕捉市场脉动和客户需求,进而迅速调整其战略方向和人力资源配置。例如,企业可以通过分析生态系统内的数据流动来预测即将到来的行业趋势,并及时优化人才队伍结构和技能提升路径。第三,企业需致力于提高资源利用的效率。与产业生态系统的紧密连接有利于企业资源的合理分配和使用。共享人力资源、技术和信息可以有效减少企业的重复投资,从而提升运营效率。比如,企业可通过构建共用的人才库和组建跨领域的项目团队,以充分利用跨界的专业知识和技术技能。

在这个过程中,人力资源管理无疑扮演了极其关键的角色。它的重要性不仅体现在招聘、培训和营造企业文化方面,更在于其连接企业与整个行业生态系统的能力。随着市场竞争的日益激烈和科技加速进展,企业已不再是孤立运作的实体,而转变为广泛生态系统的一员,这个系统涵盖了供应商、消费者、合作伙伴乃至于竞争者。在这样一个错综复杂的网络里,人力资源部门的角色变得越发多元并承载着至关重要的影响。企业的成就在很大程度上依赖于人才素质及其管理。人力资源部门在吸纳适宜人才、提供必要的培训与成长机会,以及营建正向组织文化方面,发挥着中心作用。员工的技术水平和创新潜能是企业顺应市场变化和支撑长期增长的关键要素。

在招聘方面,企业的核心竞争力在很大程度上取决于其团队能力。人力资源部门负责识别和吸引行业内的优秀人才,这是企业成功的基石。通过有效的招聘策略,HR 不仅可以帮助公司找到具备必要技能和经验的员工,而且还可以确保这些人才与公司的价值观和文化相契合。这包括使用各种招聘渠道,如社交媒体、专业招聘网站和校园招聘,以及开展具有吸引力的雇主品牌活动,以吸引最佳人才。

在培训发展方面,一旦员工加入组织,人力资源部门就承担起培养和发展他们的责任。通过持续的职业培训和技能提升项目,员工可以保持与行业发展同步,从而提高他们的工作效率和创新能力。例如,通过内部培训课程、在线学习平台或专业研讨会,员工可以掌握最新的行业知识和技术。此外,个性化的职业发展规划可以帮助员工实现他们的职业目标,同时也能促进企业的长期增长。

在组织文化方面,一个积极且包容的组织文化对于吸引和保留人才至关重要。人力资源部门在塑造和维护这种文化方面起着中心作用。这包括确保公司的核心价值观被所有员工理解并应用于日常工作中。通过组织团队建设活动、员工认可计划和有效的内部沟通,HR 可以营造一种正面、协作的工作环境。此外,对员工福利和健康的关注也是建立积极文化的一部分,这可以通过健康保险计划、弹性工作安排和员工辅助计划来实现。

在员工的参与度和满意度方面,员工的参与度和满意度直接影响他们的工作表现和对公司的忠诚度。人力资源部门致力于通过一系列互动的途径来洞悉员工的真实想法与需求。它们定期发起员工满意度调查,建立开放有效的反馈渠道,并实施针对性的改进行动。这种方法让员工感到自己的声音被倾听和重视,进而人力资源部门通过应对这些反馈信息来不断提升员工的工作体验和满意度。人力资源通过这个持续的循环过程——调查、反馈、改进——不断优化工作环境,确保员工的期望得到满足,从而构建一个高效和谐的工作氛围。例如,实施灵活的工作安排、提供职业发展机会,以及建立一个支持和尊重的工作环境,都可以增强员工的参与感和对公司的承诺。

在绩效和激励方面,绩效管理系统是人力资源管理的重要组成部分,它帮助企业确保员工目标与公司目标一致。通过定期的绩效评估,人力资源可以识别员工的成就和发展领域,从而提供有针对性的反馈和支持。此外,通过激励计划,如奖金、晋升机会或其他奖励,可以激发员工的积极性和创造力,从而提高整体业绩。

然而,如果从整个生态系统的宏观层面来审视人力资源管理,实际上我们可以着眼于人才流动与交流、有多样化技能的人才以及增强组织适应性等方面进行考察。首先,企业通过高效的人力资源管理,促进人才在生态系统中的流动和交流,这不仅促进了个人职业发展,也为企业注入了新的视角和创新思路。在全球化及技术飞速发展的大环境中,将内部人才与外部生态系统有效对接,已成为企业取得成功的关键之一。人力资源部门在此过程中起到了不可或缺的作用。通过吸纳并保留行业内的顶尖人才,人力资源经理们不仅能够提升企业内部的创新能力,还能促进与外界专家、顾问和其他组织之间的合作。举例来说,通过举办组织行业大会、专业研讨会和线上活动,人力资源经理能够帮助员工拓宽其专业人脉,同时为公司带来新的思维模式和策略。其次,为适应多变的生态系统,企业需要培养员工的多元化技能,如跨领域知识、协作能力和创新思维。通过跨企业培训和项目合作,员工可以获得更广泛的经验和技能。在当前的商业环境中,合作和知识共享成为推动创新和增长的重要因素。人力资源通过促进跨企业的合作项目和伙伴关系,有助于建立一个更加动态和互联的工作环境。这可以通过共同培训计划、联合研究项目或行业合作伙伴关系来实现。例如,人力资源管理者可以协助建立与学术机构的合作,以获取最新的研究成果,或与其他公司共同开发新技术。通过这种方式,企业不仅可以访问更广泛的资源和知识,还可以在更大的生态系统中建立自己的影响力。再次,人力资源管理的灵活性和创新性直接影响企业在生态系统中的适应能力。通过建立灵活的工作安排、多样化的团队构成和开放的沟通渠道,企业可以更好地应对外部环境的变化。在快速变化的市场中,创新和适应性是企业生存和发展的关键。人力资源通过建立一个支持创新和灵活适应新挑战的文化,可以大大提高企业的竞争力,包括鼓励员工接受新思维、新技术和新工作方式。人力资源管理者可以实施多样化的工作团队、跨部门合作项目和内部创新挑战,以促进创新思维的形成。此外,通过提供培训和发展机会,帮助员工适应行业的新趋势和变化,人力资源管理者可以确保企业不断进步,保持领先地位。

　　总而言之,在数智时代背景下,企业与产业生态系统之间的连接至关重要,而人力资源管理在这一过程中扮演着核心角色。它不仅影响着企业内部的高效运作,而且是推动企业进行外部合作和实现协同创新的关键因素。企业必须重新评估并调整人力资源战略,以便更好地应对时代的挑战与抓住机遇。此外,人力资源部门在联合内部资源与外部生态系统、推进合作与知识共享,以及促进创新与增强适应性方面起着决定性的作用。通过这些努力,人力资源管理者不仅提升了企业的内部运作效率,还确保了企业在广阔的行业生态系统中保有竞争优势。

如何实现连接

　　在数字化时代,技术革新、数据驱动和网络互联成为主导企业发展的关键因素。这个时代的特征不仅是信息技术的飞速发展,更重要的是这些技术如何重塑企业与整个产业生态系统的互动方式。在这样一个充满挑战和机遇的环境中,企业不再是孤立的个体,而是需要通过构建强大的合作伙伴网络来提高自身的竞争力和创新能力。通过与产业链上下游的企业建立合作关系,共享资源和信息,企业可以更有效地响应市场变化,共同开发新产品或服务,从而在数字化浪潮中保持领先地位。

　　构建这样的合作伙伴网络不单是传统供应链管理的延伸,它还包含了与包括客户、研究机构、政府机关乃至于竞争对手在内的各种利益相关者的互动。在数智时代,这种基于网络的合作方式已转变为促进企业增长、提升市场适应性和激发创新能力的关键驱动力。企业需要掌握在高度互联的全球环境中识别合适的合作伙伴、管理并维系这些合作关系,以及通过合作实现互利共赢的策略。为实现与产业生态系统的有效对接，企业可以通过以下几种途径。

1. 建立合作伙伴网络

在数智时代，建立一个强大的合作伙伴网络对于企业至关重要，特别是当涉及与产业链上下游企业的合作时。这种合作关系不仅有助于资源和信息共享，还可以共同开发新产品或服务，从而增强企业的市场竞争力。当然，企业必须首先明确与合作伙伴共享的长远目标，如技术创新、市场拓展、成本优化等方面的意向，在这个基础上选择那些能够补充自身能力和资源的合作伙伴，以实现共同的业务目标。然后在合作伙伴之间建立有效的沟通机制，共享关键资源，比如研发能力、市场数据、生产设施等方面。保持信息共享的透明度，尤其在市场趋势、技术发展等关键领域。与此同时，与合作伙伴之间需要共建新产品与服务。

2. 参与产业联盟和协会

参与产业联盟和协会是企业在数智时代连接产业生态系统的重要策略之一。这不仅可以加强行业内的协作和信息交流，还可以使企业在制定行业标准和推动产业发展中发挥关键作用。企业可以选择与企业业务密切相关的行业联盟或协会，确保所加入的组织能够为企业带来最大的价值。然后考察联盟或协会的声誉和在行业内的影响力，加入是否有助于提升企业形象的组织。更重要的是企业能够参与行业标准的制定，在行业标准制定过程中提供技术知识和经验，确保标准的实用性和先进性。然后利用联盟或协会的平台建立广泛的行业联系，包括潜在客户、供应商和合作伙伴。

3. 技术合作和创新

技术合作和创新对于企业在数智时代的发展至关重要。通过与科研机构、高校等进行合作，企业不仅能够获得最新的科学研究成果，还可以共同进行研发活动，推动技术创新。当然，企业要在这个过程中与合作伙伴共同规划和实施研发项目，集中双方的专业知识和资源。让企业能够释放足够的精力和资源支持开展前沿的、具有创新性的科学研究，以推动技术突破。将科研成果转化为实际的产品或服务，加速技术从理论到实践的转换。

4. 市场情报和数据共享

在数智时代，市场情报和数据共享对于企业与产业生态系统中的其他企业建立有效的合作关系至关重要。通过市场调研和数据分析，企业不仅可以更好地理解市场趋势和客户需求，还可以与合作伙伴共享这些信息，共同制定更有效的市场策略。企业可以使用高级数据分析工具，如大数据分析、人工智能算法等,以深入挖掘市场信息。

5. 供应链协同

在数智时代,供应链的紧密协作已转变为增强企业竞争力的关键战略。通过与供应商及分销商建立坚实的合作关系,企业得以优化库存管理、降低运营成本,同时加快对市场的反应速度。在选定能够持续提供高品质产品或服务的合作伙伴后,与之构建长期的合作纽带,这不仅促进了相互之间的理解与信任,还能共享关键的库存水平、销售预测和订单状态等信息。进一步地,利用信息技术,比如供应链管理软件,能有效促进这些信息的实时共享与处理。企业需策划出具备弹性的供应链体系,以便敏捷应对市场的波动和消费者需求的变化,并应设立紧急响应机制以迅速应对不可预见的事件或市场的突然变动。

6. 数字化平台和工具

在数智时代,利用数字化平台和工具对于增强与产业生态系统中其他成员的交流和合作至关重要。这些技术不仅可以提高效率和透明度,还可以促进信息的即时共享,实现更好的决策制定。例如部署云计算平台,通过云计算提供灵活的资源分配和扩展能力,帮助企业根据需求快速调整 IT 资源。云服务还可以促进远程协作,使团队成员和合作伙伴可以随时随地访问共享数据和应用程序。企业还可以利用大数据分析工具进行市场趋势分析、消费者行为研究,为决策提供数据支持。通过预测分析预见市场变化,帮助企业提前做好准备。与此同时,企业可以利用 IoT 设备监控生产过程、物流等,实时收集和分析数据。通过 IoT 提高供应链的透明度和可视性,更好地管理和协调供应链活动。持续关注新技术的发展,如人工智能、机器学习,以便将这些技术应用于业务中,并为员工提供培训和发展机会,确保他们能够有效使用这些数字化工具也同等重要。

7. 可持续发展和社会责任

在当今世界,可持续发展和社会责任已成为企业战略的重要组成部分。企业不仅需要关注经济效益,还需考虑其对环境和社会的影响。在生态系统中推广可持续发展的理念,履行社会责任,与公共部门和非政府组织(NGO)合作,可以显著提升企业的形象和品牌价值。

在现代商业环境中,企业与产业生态系统的紧密连接成为其发展的核心战略之一。这样的连接不仅赋予企业获取资源和信息的优势,而且让企业在多变的市场环境中保持灵活性和竞争力,特别是在数智时代,这种联系变得至关重要,因为它有助于企业捕捉数字化转型的契机,进而促进创新及持续进步。技术飞速发展为企业开辟了新的创新途径,通过与科研机构、技术公司的合作,企业能够迅速吸纳和应用前沿技术,加速推动产品和服务的创新进程,紧密嵌入产业生态系统,更快地掌握市场动态,并及时调整策略以应对不断变化的市场。在生态系统内,企业可通过灵活多样的合作模式,例如战略联盟和共同研发等,迅速适应市场需求,增强自身竞争力。至关重要的是,在数智时代,当企业与产业生态系统建立联系时,数据转化成为决策的核心要素。通过与产业生态内的合作伙伴共享数据并共同分析,企业能够深化对市场的洞见,做出更为明智的决策。借力于尖端的数据分析技术,企业得以预测未来的趋势,及早布局,从而在竞争激烈的市场中抢先一步。

第二章

数智化人力资源管理新价值来源

　　数智化对企业产生了深远的影响,这要求人力资源管理不只是被动适应这些变革,还要积极促进变革的实施。在数智时代,人力资源管理的转型和创新成为企业顺应数字化浪潮的核心要素。随着技术尤其是人工智能、大数据分析和自动化领域的飞速发展,组织面临着重新塑造人力资源管理角色与职能的挑战。这场转型不单是技术的更迭,更是一场关于组织文化和战略思维的深层革新。在这样的大环境下,人力资源部门需要承担更加重要的角色,不仅要高效管理人才资源,还要驱动企业创新,并确保数字化转型的顺利进行。

　　因此,人力资源管理正在经历一场空前迅速且深入的转型。技术尤其是人工智能、大数据、云计算等的快速发展为人力资源管理带来了新的挑战和机遇。举例来说,数据驱动决策已经成为人力资源管理的核心所在。企业通过分析海量的员工相关数据——包括绩效数据、离职率、员工满意度调查结果等——能够以更科学、精准的方式制定人才战略和管理决策。这种基于数据的决策方法不仅提升了决策的效力,还提高了人力资源管理的透明度和公正性。

　　在绩效管理方面,数据分析的应用使企业能够更有效地理解和评估员工的表现。通过收集和分析员工的绩效数据,企业不仅可以准确地识别员工的强项和需要改进的领域,还能够基于数据来制定更加合理和客观的绩效评估标准。这种方法不仅提高了评估的准确性,还确保了评估过程的公正性,从而增强员工的满意度和对评估结果的接受度。

　　在人才招聘与留存方面,数据驱动的方法极大地优化了招聘过程。通过对历史招聘数据的分析,企业能够识别出最有效的招聘渠道和策略,从而提高招聘的效率和质量。此外,通过分析员工离职率和离职原因,企业可以更深入地了解员工离职的动因,进而采取针对性的措施来提高员工留存率,例如改进工作环境或调整管理策略。

　　在提高员工满意度与参与度方面,定期收集和分析员工满意度调查数据对于企业来说意义重大。这些数据使企业能够及时了解员工的需求和期望,并据此采取相应措施,例如改进工作条件、增加福利或开辟更多职业发展路径,从而有效提升员工的工作满意度和参与度。

　　在薪酬和福利策略方面,数据分析为企业提供了在市场竞争中保持薪酬和福利竞争力的关键信息。通过分析行业薪酬数据,企业能够制定出更具吸引力的薪酬策略,吸引和保留人才。此外,数据分析也帮助企业了解员工在福利方面的需求和偏好,从而调整和优化福利方案。

　　在职业发展和培训方面,通过分析员工的技能和职业发展路径,企业可以更有针对性地提供培训和发展机会。这种方法不仅帮助员工实现个人职业目标，还促进了企业的整体人才发展，为企业的长期成功奠定了基础。通过这样的策略，企业能够确保员工的技能与组织的需求保持一致，同时也为员工的个人成长创造条件。

对新兴技术的适应与应用

在适应和利用新兴技术来提高人力资源管理效率和准确性方面,许多企业已采纳了多样化的策略。比如,运用人工智能算法优化招聘流程,从众多简历中快速筛选出合适人选。大数据分析则在理解员工行为和预测离职趋势方面发挥作用,进而提升员工的留存率。云计算平台的支持使得数据访问和远程协作变得更为灵活。这些技术还被用于设计个性化的培训项目和建立更公正、透明的绩效评价体系。通过这些手段不仅提升了人力资源管理的效率,而且更好地支撑了企业的战略目标。

如前所述,IBM 利用人工智能与大数据分析预测员工流失便是一个典型例子。IBM 创建了一个预测模型,该模型综合分析员工的工作表现、满意度、团队互动以及薪酬走势等多维数据,以此辨识哪些员工可能会考虑离职。这一系统使 IBM 得以实施预防措施,比如提供个性化培训、职业发展机会或其他激励方案,旨在留住关键人才。此案例清晰展示了如何借助前沿技术提升人力资源管理效能及精确性,同时提供对员工更具个性化的体验。

IBM 应用了 XGBoost(eXtreme Gradient Boosting)模型,通过分析如员工的工作经验、最近的销售奖励和持有的股权等因素,帮助公司识别出最可能离职的员工,并针对这些关键因素设计保留计划。这个案例展示了如何通过先进的数据分析和机器学习技术,实现更有效的人力资源管理和员工留存策略。

XGBoost 模型是一种先进的机器学习算法,特别适用于分类和回归任务。它是基于决策树的集成学习方法,通过组合多个决策树模型来提高预测的准确性。XGBoost 通过顺序地构建树模型,每一个新树都专注于前一个树未能正确预测的部分。这种逐步增强的方法使得 XGBoost 在处理各种数据集时都能表现出色,尤其是在处理结构化数据时。XGBoost 广泛应用于各种数据科学和机器学习的场景,因其高效、灵活且能提供准确的预测结果而受到业界的青睐。

IBM 与其客户使用了 5 年的匿名员工数据来识别销售代表流失模式。随着员工流动率的上升和劳动力市场的紧缩,减少销售专家流失的任务对于公司未来至关重要。XGBoost 在分类员工流失案例方面达到了 86% 的准确率。在这里,分类准确率有一个非常具体的定义,即真阳性和真阴性与所有阳性和阴性样本的比率。

准确率＝真阳性＋真阴性/(真阳性＋真阴性＋假阳性＋假阴性)

这对客户团队来说是一个重大突破,因为他们能够为公司设计和开发对员工有价值的留存计划。在 IBM 的帮助下,他们能够识别可能离职员工的模式并解决潜在因素。最能预示员工离职的前三个特征是:

- 工作年限
- 最近的销售奖励
- 持有的股权

考虑到这些关键特征设计留存计划,并假设在适应这些计划后客户的销售人员留存率仅提高 20%,他们每年可以节省近 500 万美元。将数据科学融入日常运营从根本上改变了企业的运作方式,并为他们走向未来提供了差异化因素。IBM 在这些对企业客户产生影响的实际应用中表现出色。

数字化工作环境的建设

在当前快速变化的工作环境中,构建一个支持远程工作和灵活工作制的数字化环境对于吸引和保留人才至关重要。随着数字化技术的发展和工作方式的演变,企业需要适应这些变化,以便在全球化的人才市场中保持竞争力。以下是构建支持远程和灵活工作制的数字化环境的关键步骤,以及这一环境对于吸引和保留人才的重要性。

首先,企业构建有效的远程工作环境需要投资于合适的技术和工具。这包括可靠的云计算服务,用于数据存储和访问,以及促进协作的在线沟通工具,如视频会议软件、项目管理工具和即时消息平台。这些工具不仅有助于团队成员实现畅通无阻的沟通与合作,还可以帮助他们高效地掌控任务和项目。

其次,企业需要制定明确的远程工作政策和指导原则。这些政策应涵盖工作时间的弹性安排、沟通的预期、数据安全和隐私保护等关键内容。通过为员工提供清楚的指引和期望,企业可以确保远程工作的效率和效果,同时保持组织的一致性和专业标准。此外,在塑造企业文化和加强员工的归属感方面,鉴于远程及灵活的工作模式可能导致员工产生孤立感,因此,定期组织团队会议、虚拟社交活动和有效的内部交流显得尤为重要,这些都是为了培养团队精神和共同的目标意识。企业还应制定流程和政策,鼓励员工分享他们的见解和反馈,以此促进一个开放而包容的工作氛围。

从人才管理的视角出发,一个支持远程和灵活工作的数字化环境对于吸引和保留人才至关重要。目前,许多专业人士寻求更大的工作灵活性和更优的工作生活平衡,因此,远程工作机会成为他们挑选雇主时的重要考量因素。企业通过提供远程工作的选项,能够吸引更为广泛的人才群体,其中也包括那些可能由于地理位置或其他限制而无法从事传统办公室工作的人员。以下是麦肯锡 2023 年的调研数据。

McKinsey 的美国机遇调查

据麦肯锡的研究,35%的受聘者能够全职在家工作,23%的受聘者能够部分时间在家工作。这意味着大约58%的受聘者,相当于9 200万人,有每周全部或部分时间在家工作的选项。这一数据证实了工作世界和社会本身发生了重大变化。自2019年以来,灵活工作方式的增长范围从三分之一到十倍不等。有13%的受聘者表示他们有机会至少部分时间远程工作,但选择不这么做。41%的受聘者没有选择权,这可能是因为不是所有工作都能远程完成,或是雇主要求现场工作。雇主可能需要探索提供员工所需灵活性的方式,以有效竞争人才。

各行各业都支持一定程度的灵活工作,但数字创新者更加强调灵活性。灵活工作的机会在不同行业和不同职业角色中存在差异,并对竞争人才的公司产生影响。例如,在计算机和数学职业中,绝大多数受聘者报告有远程工作选项,77%的人表示愿意完全远程工作。由于数字化转型在各行业迅速发展,即使是那些整体远程工作比例较低的行业,也可能发现他们雇佣的技术人员要求远程工作。

各种职业领域都提供远程工作安排。在教育指导和图书馆行业中工作的受访者中,有一半表示愿意进行远程工作,医疗从业者和技术职业中45%的人也表示愿意进行远程工作,这可能反映了在线教育和远程医疗的兴起,甚至食品制备和运输专业人员也表示愿意在家工作。

数字化工具的使用

数字化工具和平台在改善内部沟通、协作和员工参与度方面发挥了关键作用。这些工具提供了实时沟通的便利性,包括即时消息、在线会议和协作工具,使团队成员可以跨地理位置进行有效的沟通和合作。此外,数字化平台还支持文档共享、项目管理和任务分配,提高了工作效率和团队协同能力。例如,通过数字化工具,员工可以随时随地访问重要信息和资源,无论是在办公室还是远程工作。这种便捷性有助于提高员工的灵活性和工作满意度。同时,数字化工具还可以促进员工的参与度,通过在线投票、调查和反馈机制收集员工意见,从而更好地满足他们的需求和关注点。

此外,数字化工具还提供了数据分析和报告功能,助力组织洞察内部沟通及协作的效果,为持续的优化与进步提供依据。综上所述,在现代企业之中,数字化工具和平台已不可或缺,它们在提升内部交流、合作以及员工参与度方面提供了强有力的支持。通过精心挑选并高效运用这些工具,组织能够达到更加高效的运营水平,同时带来更优质的员工体验。例如,微软公司在内部广泛使用自家的产品微软 Teams 作为沟通和协作的主要平台。Teams 集成了聊天、会议、笔记、附件和应用程序集成,极大地提高了团队成员之间的沟通效率和协作能力。尤其在远程工作环境中,Teams 成为员工保持联系和高效协作的重要工具。此外,Teams 中的各种自定义功能和机器人应用还增加了员工的参与度和工作的趣味性。在科技公司中,谷歌公司通过其 Google Workspace 平台,包括 Gmail、Docs、Drive 和 Meet 等工具,有效地提升了内部沟通和团队合作的效率。这些工具支持实时协作和文件共享,使得团队成员无论身处何地,都可以无缝协作,通过这种方式,谷歌不仅提高了工作效率,还加强了团队成员之间的联系和协作精神。这些案例表明,数字化工具和平台在提高内部沟通效率、加强团队协作以及增加员工参与度方面发挥了重要作用。这些工具不仅简化了信息流通,还创造了更加互动和包容的工作环境。随着技术的不断发展,预计未来会有更多创新的数字化解决方案被应用于人力资源管理中,以进一步提升企业的运营效率和员工满意度。

以下是汇丰银行的案例:

汇丰银行

汇丰银行在提高员工参与度方面采用了一系列数字化策略。他们重点改进了员工的整体体验,这包括从招聘前期到离职的整个员工生命周期。通过采用技术手段,汇丰银行成功地重塑了员工体验,从而使得银行更加适应未来的需求。

为了简化人力资源过程,汇丰银行在多个阶段创建了应用程序或平台。例如,在招聘环节,他们引入了一个自动化的机器人"Cha cha",用于跟踪和管理招聘流程,确保候选人和管理者得到适当的关注,并使用最佳的无偏见选择工具。

汇丰银行还开发了一款 HR 移动应用程序,它类似于一个综合性的应用,涵盖了与银行人力资源相关的所有事项。这款于 2020 年 7 月通过公司的 HR 平台 SAP SuccessFactors 推出的应用程序,提供了一个统一的目的地,使员工能够在移动设备上快速完成交易,而无须使用笔记本电脑或台式机。应用程序还提供了在线学习资源的移动访问,使员工能够在方便的时间学习,包括实时的人力资源经理仪表板,例如组织结构图,从而大大改善了员工的用户体验。

此外,汇丰银行还推出了 HSBC University,这是一个为所有学习需求提供一站式在线服务的平台。它包括从强制性培训到领导力风险管理和特定业务培训的所有内容,成为员工获取职业学习资源的主要门户。

通过这些技术进步,汇丰银行不仅提高了招聘和入职体验的质量,还强调了员工对自我发展的好奇心和探究精神,鼓励员工思考职业生涯所需的技能,而不仅仅是当前角色所需的技能。汇丰银行的这些以员工为中心的发展举措,可能有助于在疫情后的人才竞争中招募和留住合适的人才。

组织文化的转型

在数字化转型过程中,组织文化的适应和变化是实现成功转型的核心要素。这种转型不仅涉及技术的引入和应用,更深层次地触及组织的价值观、工作方式以及员工行为的根本性改变。这种文化变革在几个关键方面体现得尤为明显:

首先,从层级到协作的转变体现在组织结构的调整上。昔日僵化的层级管理正逐步让位于更灵活、更强调合作的工作环境。在数字化转型的浪潮中,开放式沟通和跨部门合作日渐成为标准做法,这不仅催生了知识共享的文化,也激发了创新的思维火花。其次,错误容忍与快速迭代的文化在数字化时代显得尤为重要。组织需要培养一种能够接受失败、从错误中快速学习并作出调整的氛围。这种文化鼓励创新,允许员工在迭代过程中不断尝试和改进。再次,在数字化转型过程中,对员工授权和赋能同样至关重要。组织文化应倾向于赋予员工更大的自主性,鼓励他们在决策中发挥作用,并为他们提供必要的工具和资源。这样一来,员工更有动力和能力去推进变革,为企业创造附加价值。此外,随着技术的持续进步,培养一种终身学习的文化尤为关键。组织应当激励员工不断升级自身技能和知识库,以适应数字化工作环境的快速变化,这不仅包括提供培训和发展的机遇,还要营造一个支持学习和成长的氛围。最终,数字化转型也要求组织更加聚焦于客户体验。这涉及深入洞悉并满足客户的期望,利用数字化工具提升客户体验,并能基于客户反馈迅速响应和调整。

宝洁 P&G

宝洁(Procter & Gamble,P&G)是全球最大的日用消费品公司之一,早在数字化转型浪潮之初它就开始了自己的"数字化革命"项目。这一转型计划不仅仅是技术层面的更新,更是一场深刻的文化和思维方式的革新。通过这一过程,宝洁成功地将数字化融入了公司运营的各个方面,从而提高了效率,增强了与消费者的连接,并促进了创新。

宝洁在数字化转型中特别强调数据驱动决策的重要性。公司通过构建高效的数据收集和分析系统,使得从市场调研到生产流程,再到销售策略的每一个环节都能够基于实时数据快速反应。例如,通过分析社交媒体和在线销售数据,宝洁能够迅速捕捉到消费者行为的变化,并据此调整其市场策略和产品供应。这种以数据为中心的决策过程使宝洁能够更准确地预测市场趋势,从而在竞争中保持领先。但是在这个过程中,宝洁在全公司范围内推广数据意识,确保每个员工都能理解数据对于公司决策过程的重要性。公司通过举办培训课程和工作坊,提升员工的数据分析能力,使他们能够在日常工作中应用数据分析工具和方法。此外,宝洁还建立了一套数据驱动决策的框架,鼓励团队基于数据而非直觉做出业务决策。这种文化的转变使宝洁能够更加敏捷地响应市场变化,提高决策的准确性和效率。

数字化转型还要求宝洁内部的各个部门之间进行更加紧密的合作。传统上,不同的业务单元和职能部门可能各自为政,但在数字化的环境下,这种隔阂被打破。宝洁鼓励跨部门团队合作,通过共享数据、资源和洞察力,共同解决问题。这种合作不仅加速了新产品的开发和上市过程,也提高了运营效率和响应市场变化的能力。宝洁还采取了一系列措施,包括重组团队结构,使团队更加灵活,以及通过数字化平台和工具促进跨部门的信息流通和协作。公司还定期举办跨部门研讨会和创意工作坊,鼓励员工跨越部门界限,共同探索新的业务机会和解决方案。

宝洁努力营造一个鼓励创新和容忍失败的企业文化。公司明确表示,创新过程中的失败是可接受的,甚至是必要的学习步骤。通过奖励尝试和学习过程,而不仅仅是成功的结果,宝洁鼓励员工大胆尝试新思路和新方法。此外,公司还设立了内部的创新基金,支持有前景的项目和实验,即使这些项目最终可能不会成功。当然,宝洁的领导层在文化转型过程中发挥了关键作用。领导者不仅要向员工传达数字化转型的愿景和重要性,还要通过自己的行动树立榜样,展示如何在日常工作中应用新的工作方式和技术。此外,宝洁还特别强调变革管理能力的培养,确保领导者和管理者能够有效地引导团队度过转型期,解决变革过程中可能出现的挑战和阻力。

总体来说,数字化转型过程中的组织文化变革是一场深刻的内部变革,它要求组织在多个层面上进行根本性的改变,以适应数字化时代的要求。这种变革不仅涉及组织结构和流程的调整,更重要的是涉及价值观、心态和行为方式的转变,这对于确保组织数字化转型成功至关重要。

员工技能与能力的提升

在数字化转型的过程中,员工技能和能力的增强是确保转型成功的关键要素。随着数字技术的迅猛发展和广泛应用,企业面临层出不穷的挑战和机遇,其中尤为紧要的是,员工需要拥有与时俱进的技能和能力,以适应新的工作环境和要求。首先,所需技能不单包括基本的电脑操作技巧,还涵盖数据分析、编程、数字营销、社交媒体运用等更为专业领域的能力。对传统行业工作者来说,可能意味着掌握全新技术的需求,而对于那些已在数字领域工作的人员而言,则意味着不断刷新和深化现有的技能集合。其次,在数字化转型的背景下,沟通能力、团队合作、创新思维和适应能力成为员工必备软技能。这些软技能使得员工以更优的交流互动、高效协作,灵活应对各种变化,并在持续变动的环境中施展创意。此外,置身于日新月异的数字化世界中,员工必须具备迅速学习新技术和适应新环境的能力。这不仅涉及吸收新知识的能力,还包括识别和利用新兴的学习资源,比如在线课程、研讨会及各类培训工坊。

组织层面上,企业需要为员工提供持续学习和发展的机会,这包括内部培训项目、外部课程的资助、在线学习平台的接入等。通过这些方式,企业可以帮助员工提升他们的技能,并确保他们能够跟上数字化时代的步伐。同时,企业文化和管理方式的调整也对员工技能提升非常重要。组织需要鼓励一种学习和创新的文化,同时通过灵活的管理方式为员工提供发展新技能的空间和时间。这包括鼓励员工进行跨部门合作、参与创新项目,以及提供时间和资源进行自我提升。在数字化转型的过程中,员工技能和能力的提升是一个持续的过程,这既需要企业的积极参与,也离不开员工的个人奋斗。企业须提供必要的支持与资源,而员工则应积极投身于学习与适应之中。通过这样的双向努力,企业与员工才能携手成长,共同迎接数字化时代所赋予的挑战与机遇。

人力资源的战略角色

在数字化转型的过程中,人力资源(HR)发挥着至关重要的战略角色。这一过程绝非仅仅关于技术的采纳和应用,它更深刻地触及企业文化、组织结构以及员工技能的彻底转型。在这场变革中,人力资源部门必须突破其常规的行政支持职能,转变为推进改革的领导者和策略合作伙伴。首先,HR部门需引领企业文化的革新之路。在数字化转型的过程中,企业必须树立一种倡导创新、灵活适应、跨部门合作与持续学习的文化氛围。人力资源部门在这一过程中居于核心地位,通过培训计划、有效沟通及激励政策来培育和强化这种文化的成长与繁荣。其次,HR需要重新审视和优化组织结构。数字化转型往往需要更灵活、更扁平化的组织结构,以便于快速决策和催生创新。人力资源部门应针对现行的组织结构进行审视,并进行必要的调整与优化,以便更好地适应数字化的工作氛围。

此外,人才管理和发展在数字化转型中显得尤为关键。HR部门需要通过高效的招聘、培训和职业发展计划,确保员工具备所需的数字技能和软技能。这涉及为员工提供数字技能培训、促进跨领域技能的发展,以及营造支撑员工职业成长的环境。人力资源部门还须采纳数据驱动的策略来指导其决策过程。通过对员工绩效数据、满意度调研及其他重要指标的深入分析,HR可以更精准地规划战略和执行措施,从而提升人力资源管理的效能。最后,在推动数字化转型的过程中,HR还应扮演沟通者和协调者的角色。这意味着要确保员工充分理解变革的目标和意义,促进各部门间的合作,并解决转型过程中出现的挑战和矛盾。

总体来说,人力资源在数字化转型过程中的战略角色是多方面的。它需要推动文化和组织结构的变革,管理人才和技能的发展,利用数据驱动决策,并作为沟通和协调的桥梁。通过这些措施,人力资源部门可以帮助企业顺利完成数字化转型,实现长期成功并获取竞争优势。

应对挑战与风险管理

在数字化转型的过程中,人力资源部门面临着一系列挑战和风险,这些问题需要通过有效的策略和风险管理来应对。这些挑战涉及组织文化的变革、员工技能的匹配、数据安全和隐私保护等多个方面。首先,组织文化变革是一大挑战。数字化转型要求企业建立一种以创新和灵活性为核心的文化,这往往与传统的企业文化存在冲突。人力资源部门需要通过培训、沟通策略和激励机制来推动文化的变革,同时要管理由此引发的员工不安和抵抗。其次,员工技能的匹配问题。随着业务流程和技术的改变,员工需要新的技能来适应数字化的工作环境。人力资源部门需要通过有效的培训和发展计划来提升员工的数字技能,同时也要注意到由此产生的技能缺口和员工的再培训需求。数据安全和隐私保护是数字化转型过程中的另一个重要挑战。随着大量数据的收集和分析,保护员工的个人信息成为一项关键任务。人力资源部门必须确保遵守相关的数据保护法规,同时建立严格的数据安全策略和程序。此外,人力资源部门还面临着远程工作和灵活工作安排带来的挑战。这包括如何维持团队协作和企业文化,如何确保员工的健康和福祉,以及如何管理分散的工作团队。在应对这些挑战的过程中,人力资源部门需要采取一系列风险管理措施。这包括对潜在风险进行评估和监控,制定应对策略,以及建立应急计划以应对可能的问题。此外,还需要与其他部门密切合作,共同制定和实施整体的数字化转型策略。

总之,人力资源部门在数字化转型过程中扮演着关键角色。面对挑战和风险,人力资源部门不仅要采取积极的策略来促进变革,还要通过有效的风险管理来确保转型过程的顺利进行。通过这些努力,人力资源部门可以帮助企业克服转型过程中的难关,实现成功的数字化转型。

第三章

数智化人力资源管理
价值探索

人类社会已从早期的认知革命时代演化至今日的数据革命时代。人类所追求的智慧水平,已经超越了传统脑力分析的范畴,转而依赖于更为强大的计算能力。人类智能与计算机的强大处理能力之间的联系日益密切。在信息量呈爆炸性增长和复杂度持续上升的背景下,传统的智力分析手段在应对庞大数据集、解决复杂问题时显现出其局限性。这不仅是技术上的挑战,也是对于认知能力的挑战,它促使我们重新考虑人类智慧的运用方式,以及在此过程中计算机扮演的关键角色。

考虑气候变化这一全球性挑战,其数据集庞大而复杂,涉及气候模型、卫星观测、海洋动力学等众多领域。单靠人类分析家的智慧,很难全面理解和预测气候变化的长期影响。这就是计算机发挥作用的地方。通过运行复杂的气候模型和算法,计算机能够处理和分析超出人类能力范围的数据量,帮助科学家们预测未来的气候变化趋势,从而为政策制定提供依据,指导全球温室气体减排策略的制定。再比如,在医疗领域,人工智能和机器学习的应用已经能够在疾病诊断、个性化治疗方案的制定以及新药研发等方面做出贡献。例如,AI在肿瘤诊断上的应用,能够通过分析成千上万的影像数据,识别出肿瘤的早期迹象,这是肉眼和传统医疗设备难以达到的精确度。这种技术的进步不仅提高了诊断的准确率,还极大地加快了诊断速度,为患者提供了更早的治疗机会。

在金融领域,复杂算法和机器学习模型在分析股市动态、评估投资风险以及防范金融欺诈方面扮演着关键角色。这些先进的计算工具能够实时处理和分析大规模交易数据,侦测出市场潜在的变化趋势,并向投资者提供基于数据的决策建议,其能力超越了传统的分析手段。以上例子揭示了一个事实:随着技术的不断进步,计算机已经成为人类智慧的强有力扩展,让我们得以处理曾经难以想象的海量数据,并解决那些过去看似难以跨越的难题。然而,这并不意味着人类智慧的退场。恰恰相反,人类的创意、直觉和道德判断变得更为宝贵,因为这些是技术所不具备的。人类智慧与计算机的计算能力的融合,打开了新的可能,使我们能够以全新的视角理解世界,用创新的方式解决问题。

因此,也许在不久的将来我们需要习惯人工智能情境下的工作和生活方式,尽管目前其对我们工作和生活的影响还不够明显。不过,学者Berger和Luckmann在2023年认为,我们所感受到的现实是在社会构造下形成的,我们所接触到的环境及呈现方式也是受社会各种因素影响。因此,随着人工智能的发展,其影响力逐步增强,即会不断重塑我们身处的环境,进而不断重构我们对现实社会的新认知。

　　尽管人工智能、机器人技术、机器学习、预测分析、区块链、云计算等热门词汇充斥着讨论，焦点往往过多地落在技术上，而对人和流程的关注却太少。例如，ERP（企业资源规划）实施与数字化转型之间的区别在于，一个组织的演变，带来的是整体、全方位的本质。从有效的组织变革管理计划、业务流程管理到项目的其他人员和流程方面，这些都比技术更重要。某些项目即使在技术上不尽人意也能成功，但如果没有强大的业务流程和人员赋能，则无法成功。

　　虽然人工智能已在诸多领域如火如荼地发展，但其在组织管理，尤其是在人力资源管理中的应用尚不明朗。计算机系统是否可以像人类一样思考，是否可以帮助我们提高管理或工作效率？如果智能机器人未来可以代替员工，那未来的管理会是什么样子？鉴于此，有必要对人工智能的人力资源管理模式进行探讨，以便能够更好地帮助企业适应人工智能情境。然而，许多学者认为国内外关于人工智能对人力资源的影响，以及人工智能型的人力资源管理理论模型探讨尚未充分展开。

人力资源管理数智化的本质

转型的本质是重大而根本的变革过程,通常会导致一种新的状态或形式。转型可能发生在生活的各个方面,包括个人发展、组织变革、技术进步或社会变革。它涉及心态、行为、结构或功能的深刻转变,导致与先前状态的背离。在个人发展中,转变可能涉及自我发现、个人成长以及观点和习惯的改变。在组织中,转型可以指战略变革、文化转变或采用新技术来提高效率和竞争力。技术转型涉及采用和整合新技术,重塑行业和日常生活。社会转型是指社会中价值观、规范和结构的变化。从本质上讲,转变意味着从一种状态到另一种状态的蜕变或彻底进化,通常目的是改进、适应或进步。这是一个动态和持续的过程,对内部和外部力量作出反应,推动个人、组织和社会的发展与适应新的挑战和机遇。

自 2020 年以来,许多公司一直在挣扎求生。因此,他们采取措施转变组织结构和运营模式,通过数字化转型提高增长势头。根据 2021 年埃森哲报告,50%的中国企业将加快数字化转型进程,包括人力资源管理。2021 年,学者Collings 认为在新冠肺炎约束下,对于改善增长势头,组织适应能力变得比稳定性更重要;企业需要一种动态和流动的战略方法。组织必须利用内部驱动力来培养组织适应能力;这是人力资源管理的首要职责。新冠肺炎后,人力资源管理者必须确保有效参与关键企业发展,将数字化作为催化剂,以快速应对市场敏感性。例如,普华永道中国的研究强调了数据治理在人力资源数字化建设中的核心作用,特别是在大型集团化国有企业中。国务院国有资产监督管理委员会下发的《关于加快推进国有企业数字化转型工作的通知》明确了以数据驱动为主要原则之一,指明了转型方向。在此研究中,普华永道提出,为了实现数字化转型的成功,关键在于通过数据治理夯实的数据基础,清除底层障碍,实现数据支持决策的目标。

有观点提出,在人力资源领域内部署数字化工具似乎是一件简单的事情。根据 iResearch 2021 年的报告,随着数字产品和应用不断演进,技术接口与现有的人力资源系统集成是相对容易的。然而,学者 Wilson 和 Daugherty 于2022 年指出,"能够有效融合商业及技术战略的组织,将能以空前的灵活性创造独特的产品"。但他们也预测,能达成此成就的公司寥寥无几。因为融合商业策略与数字技术本身就是一大挑战,特别是在人力资源管理领域。我们通过对本地公司进行的访问和后续研究证实了这一观点。我们观察到,在那些数字化进程中走在前列的企业里,人力资源管理与企业战略之间的协同非常紧密。而在那些数字化步伐较慢的企业中,人力资源管理与企业运营之间的互动则相对有限。

由于缺乏具体的理论,特别是在人力资源管理数字化转型机制方面的理论和支持性证据,我们不得不思考以下两个问题:第一,人力资源管理通过企业数字化转型寻求的基本价值是什么? 第二,中国人力资源数字化的发展趋势是什么? 这些趋势是否与不同组织战略阶段的人力资源管理价值观有关? 当前,众多公司正积极尝试将数字技术应用于人力资源管理领域。尽管这一趋势日益明显,但关于人力资源管理数字化进程本身的研究却相对匮乏。相对而言,大量的研究工作集中于探讨在人力资源管理中采用技术的实践,以及这些技术应用成功或不成功背后的关键因素。这使得企业没有足够的数字化转型理论指导。据我们所知,人力资源管理数字化转型集中在招聘和培训等几个人力资源管理模块中。人力资源模块越复杂,数字化技术的应用就越低。我们推测,只有当人力资源管理表现出灵活性,通过服务所有员工并激发他们的潜力来满足企业的需求时,它的价值才能充分显现和利用。

因此,笔者认为,**人力资源管理数智化的本质在于能够在未来达到全面的数字孪生**。这一观点基于前面第二章讲到的数字孪生技术的深度应用和演进,预示着人力资源管理领域的一次质的飞跃。如图 3.1 所示,数字孪生是指通过物理模型、传感器更新、操作数据等手段,创建一个真实系统的虚拟副本。在人力资源管理中,这意味着可以通过数字技术精确复制组织的人力资源结构、工作流程以及员工行为模式等多个维度,实现对人力资源运营的全方位模拟和预测。

通过人力资源管理的数字孪生技术,企业能够实时监控员工的工作状态、绩效及其与工作环境的互动情况,从而为人力资源管理提供数据支撑和决策依据。这种技术不仅能够帮助企业更好地理解员工的需要,预测人才流动趋势,还能够在人才培养、团队建设、绩效管理等方面提供个性化的建议和方案。例如,在人才培养方面,通过分析数字孪生中收集的数据,企业可以精准地识别员工的能力盲区和成长潜力,进而定制个性化的培训和发展计划。此外,数字孪生技术还能够增强人力资源管理的预见性和战略性。通过对大量历史和实时数据的分析,企业可以预测未来的人才需求变化,提前规划人力资源配置,优化招聘流程,减少招聘成本,提高招聘效率。在员工离职率高的情况下,通过对数字孪生数据的分析,企业可以识别出导致员工离职的潜在因素,及时调整管理策略和工作环境,从而降低离职率,提升员工满意度和忠诚度。

图 3.1　人力资源管理的数字孪生系统

实现人力资源管理的数智化并不是一蹴而就的,它要求企业在技术、文化、流程等多个方面进行全面的转型和升级。首先,企业需要投入相应的技术资源,构建起支撑数字孪生的基础设施,包括数据收集、存储、分析和应用等环节。其次,企业还需要培养员工的数字素养,使其能够适应数字化工作环境,积极参与到数字孪生的建设和应用中来。最后,企业应该建立起以数据为中心的管理文化,鼓励数据驱动的决策制定,以此来提升人力资源管理的效率和效果。

然而,人力资源管理的数智化是一个涉及多方面的复杂过程,其核心在于实现企业人力资源的全面数字孪生。这不仅可以提升企业的人力资源管理效率和决策质量,还能够增强企业的竞争力和适应性,为企业的持续发展和创新提供坚实的人力资源支持。随着技术的不断进步和应用场景的不断拓展,人力资源管理的数智化将会迎来更加广阔的发展前景。

人力资源管理新要求

　　赵曙明教授和笔者在 2023 年的《光明日报》中撰文提道："随着经济的发展，人力资源作为竞争优势的来源越发受到企业的重视。目前，组织中的人力资源管理思维呈现两种趋势：一是将人力资源作为成本，期望通过成本最小化寻求竞争优势，进而保持企业成长；二是将人力资源作为资产，期望通过人力资源价值最大化寻求竞争优势进而实现企业成长。两种思维的适用性与必要性取决于组织的发展阶段、组织战略、宏观环境、行业特征、社会理念等因素的不同而存在适用性与必要性，借助人力资源管理的数智化浪潮，寻求企业的长远发展不仅依赖于员工参与、政策支持，更依赖于管理者思维。与业务流程上的数智化不同，人力资源管理数智化所带来的影响是全方位的，不仅可能对业务模式、组织流程、工作方式等产生影响，更可能影响组织结构与发展战略。人力资源管理数智化作为新颖的变革内容，虽然在部分组织中已经取得成效，但成功转型的企业数量未能形成足够的影响，这使得管理者担忧于人力资源管理数智化的投入成本和转型效果，从而陷入'后发者思维'，即希望通过对先发者的模仿寻求数智化的成功。作为企业数智化变革的'引领者'，管理者首先需要破除思维上的桎梏，认识到我们正处于新一轮工业革命的风口浪尖，推动人力资源管理的数智化转型是企业把握工业革命潮流、寻求市场竞争优势、实现长远发展的必由之路。如果一味寻求、等待、模仿市场中'成熟'或'成功'的转型案例，则可能在新一轮工业革命中失去先发优势。核心的技术、经验与组织变革模式，是买不来也求不来的。因此，管理者需要从长远角度认识到数智化转型的最终目标落脚于人，即企业通过数智化的方式帮助员工实现自我发展与自我价值，激发内部知识与创新创造。这要求管理者决策观念尽快从'经验判断'向'数据说话''智能决策'转变，主动了解和掌握数字技术的最新发展趋势，对标但不迷信先进企业数智化转型的成功经验，运用系统思维把数字技术与制度、团队及组织等要素有机融合，保持思维上的大局观和心态上的乐观态度，从员工、团队和组织三个层面关注人力资源管理的数智化变革，制定适合本企业的数字化转型路径。"

　　尽管我们可以预见人力资源管理在技术运用上迎接数智时代的各种利好，但为何整体进展仍旧缓慢？第三阶段咨询集团（Third Stage Consulting

Group)发表的《2023年数字化转型报告》认为,组织数字化转型的速度与多个变量密切相关,这些包括转型的范围、变革的深度以及运营的复杂性。具体来说,那些在更多功能领域进行数字化的组织,不仅耗时更长,成本也更高。同样,那些进行了最深刻变革的组织,无论是从基于大型机的系统过渡到现代化解决方案,还是其他形式的根本性调整,都经历了更漫长的实施周期和更高的开销。此外,运营的复杂性同样是影响企业数字化步伐的一大障碍。那些业务单元众多、跨国经营且业务模型复杂的公司,无疑在转型过程中面临了更多的时间和成本压力。当然,实际的实施预算也是必须考虑的因素。由于这个预算会根据公司规模而有巨大差异,我们通常将成本标准化为公司收入的一个百分比。例如,年收入不足10亿美元的中型企业,其转型总成本大约占年收入的3%到5%;而年收入超过10亿美元的公司,则可能仅占2%到3%。对于大型组织而言,这一比例更低,主要是因为它们能够享受规模经济带来的优势。换言之,无论组织大小如何,任何转型都不可避免地涉及一笔最低必要成本,这也解释了为何大型组织在成本占收入比例上相对较低。

除了前述因素,还有其他几项指标也可以作为衡量企业数智化转型速度的重要参考,其中一项是运营中断。运营中断指的是因转型引起的重大运营干扰,如无法进行发货或结账等常见问题。该指标并不包括那些较小、发生频率较高的中断,比如员工的暂时挫败感或短期的效率下降。研究表明,有51%到54%的公司在系统上线时遭遇了严重的运营中断。这些中断持续的时间长短不一,可能从数周延伸至数月。此外,这样的中断可能导致额外的成本,使得初始实施成本增加50%到300%。组织变革的支持程度也是一个关键因素。研究发现,在组织变革上投入较多的企业往往能以更短的时间和更低的成本完成转型。最后,软件定制的程度同样会影响转型过程。那些需要高度定制软件解决方案的组织,往往会面临更长的实施时间和更高的成本支出。

随着技术的飞速发展,数智化转型已成为推动未来人力资源管理向更高效、更精准、更人性化方向发展的关键驱动力。在这个过程中,目标是实现一个雄心勃勃的愿望:实现人力资源管理的全方位数字孪生,即通过数字技术创建一个虚拟的、与现实世界中的人力资源管理系统完全一致的镜像,以便于更精确地模拟、预测和优化人力资源的配置和管理。然而,要实现这个终极目标,我们必须首先从宏观的视角出发,深入理解数智化发展对未来人力资源管理的影响。这不仅仅是关于技术的升级换代,更是关于如何在新的技术环境下重新定义和优化人力资源管理的理念和实践。我们需要认识到,数智化转型不是一项孤立的技术任务,而是一个全面的战略规划,它要求我们重新思考和塑造企业的人力资源管理策略,以适应这个数字化的新时代。

为了向这个方向迈进,企业必须首先评估自身在数智化发展方面的当前状态和战略。这包括了解企业目前采用的技术、工具和方法,以及这些措施如何帮助企业实现其人力资源管理的目标。同时,企业还需要识别在数智化转型过程中可能面临的挑战和机遇,从而制定出一套有效的策略来克服挑战、抓住机遇。此外,企业还需要深入探讨和发展适合自己的人力资源和人力资本价值计算的公式和模型。在数智化背景下,传统的人力资源管理方法已经不再适用。因此,企业需要创新和定制化地思考如何评估和优化其人力资源的价值,这不仅包括员工的技能和能力,还包括他们的潜在价值和对企业文化的贡献。通过建立这样的计算公式和模型,企业不仅能更准确地评估人力资源的价值,还能为实现人力资源管理的数字孪生打下坚实的基础。

实现人力资源管理的全方位数字孪生是一个长期而复杂的过程,它要求企业持续投资于最新的技术和方法,同时也需要企业文化的转变,以鼓励创新和适应性。通过这样做,企业不仅能提高其人力资源管理的效率和效果,还能更好地预测和应对未来的挑战,从而在竞争激烈的市场中脱颖而出。在这个旅程中,企业必须不断探索、学习和适应,因为只有这样,我们才能真正实现人力资源管理的数字化转型,为企业创造更大的价值。

技术在人力资源管理中的应用

关于人力资源管理技术使用的研究已分三个阶段进行。如图 3.2 所示,诸多学者如 Kovach、Cathcart 和 Elliott 等都认为在第一阶段,大多数研究侧重于探索人力资源信息系统(HRIS)的价值。尽管人力资源信息系统理论上可以给企业的人力资源管理带来重大变化,但这一变化的实现取决于个人计算机的广泛使用,个人计算机可以支持真实的人力资源决策并满足数据需求。然而这是基于一个企业内每一个员工能够最高效地使用个人计算机的假设。在目前的第一阶段,人力资源管理人员的决策取决于数据的有效性;因此,如果数据的质量和数量较低,实现 HRIS 的理想值就变得具有挑战性。在第二阶段,学者们如 Wilson Evered 和 Härtel 重点关注成功实施 HRIS 的关键因素及其失败(或成功)的原因。除了对人力资源信息系统的研究,电子人力资源管理(e-HRM)作为一个总括性术语,涵盖了人力资源管理与信息技术之间所有可能的整合机制,也越来越受到关注。与人力资源信息系统相比,电子人力资源管理在整合组织数据和提高人力资源管理服务质量方面具有显著优势。员工不仅可以通过互联网访问人力资源数据并完成相关的人力资源管理活动,还可以使用网络技术与求职者、经理和供应商等内部和外部利益相关者互动。在第三阶段,大数据、人工智能、机器学习和数字化转型成为热门话题。这些新技术的出现使企业能够有效地衡量员工的有效性并跟踪员工的活动。目前,OpenAI 提供了一种称为 GPT-3 的模型,允许开发者通过 API 集成它到不同的软件和应用中。这意味着开发者可以使用 OpenAI 的 API(Application Programming Interface)来让 ChatGPT 集成到他们自己的应用程序、网站、聊天机器人、虚拟助手等中,以提供自然语言处理和对话能力。从这些先前的研究可以推断,将技术应用于人力资源管理的目标正在从效率转向改善人力资源供应。2022年,学者 Malik 等人认为人力资源管理技术有一种优先考虑员工体验和参与度的趋势,强调了所有员工创造的价值对企业发展的重要性。

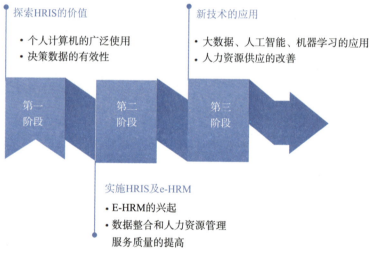

图 3.2　人力资源管理技术使用研究的三个阶段

OpenAI 的 API 集成功能

　　试想如果将 API 集成到人力资源管理中,这个过程会为企业带来什么机遇与挑战?

OpenAI API 代表 OpenAI 提供的应用程序编程接口。它旨在允许开发者轻松访问和集成 OpenAI 模型的能力——比如 GPT（生成预训练变换器）模型——到他们自己的应用程序或服务中。API 提供了一个通用的"文本输入，文本输出"接口，使用户能够将其应用于包括文本完成、翻译、摘要和问答等在内的广泛任务。API 使用 API 密钥进行身份验证，确保对服务的请求是安全和授权的。它被设计为灵活和可扩展的，支持从小型项目到企业级应用的各种用例。OpenAI 持续更新 API，提供对新模型和功能的访问，旨在使强大的 AI 工具更加容易被全球的开发者访问和使用。

首先，API 集成可以被视为一个技术的桥梁，将不同的人力资源工具和系统连接在一起，为企业带来了卓越的效率。想象一下，一家公司正在扩大业务并需要招聘大量新员工。通过 API 集成，他们可以轻松地将招聘管理系统与面试调度工具、员工数据库以及培训和发展平台相连接。这样一来，招聘流程变得无缝连接且高效，工作人员可以更专注于与候选人互动，而不是烦琐的手动任务。此外，API 集成还具有提供更深入数据洞察的能力。企业可以通过连接各种数据源，如员工绩效数据、薪酬数据和员工满意度调查结果，获得更全面的员工洞察力。这种数据驱动的方法可以帮助企业更好地了解员工需求，改进培训计划，或者优化福利计划，从而提高员工满意度和忠诚度。另一个引人注目的好处是提高员工满意度。通过 API 集成，员工可以轻松访问他们的工资信息、假期余额和福利选项。这种便捷性和透明度可以增加员工满意度，使他们更有信心并快乐地工作。

但是，API 集成也伴随着一些潜在挑战。首先，数据安全是一个非常关键的问题。在 API 集成中，不同系统之间的数据共享可能会导致数据泄露或滥用的风险。因此，企业必须采取坚实的安全措施，以确保员工的敏感信息得到充分保护。其次，技术依赖性可能会成为问题。如果企业过于依赖特定的 API 供应商或技术平台，那么一旦这些供应商出现问题，就会对人力资源管理造成中断。这意味着需要制定备用计划以应对潜在的技术故障。另一个挑战是集成的复杂性。不同系统和应用程序可能使用不同的 API，而且 API 的版本和兼容性问题可能会出现。因此，企业需要投入时间和资源来处理这些复杂性，以确保集成的顺利运行。最后，成本也是一个需要考虑的因素。虽然 API 集成可以提高效率，但它需要一定的投资，包括开发和维护 API 集成的成本。企业需要仔细权衡投资和回报，以确保集成是经济上可行的。

不难看出，API 集成在人力资源管理中带来了显著的好处，包括提高效率、提供深入的数据洞察、增加员工满意度和确保合规性。然而,它也伴随着一些潜在的挑战,如数据安全、技术依赖性、集成复杂性和成本。企业需要在实施 API 集成时明智地权衡这些因素,以最大程度地利用其潜力,实现长期成功。

延续之前的思路,我们可以进一步探讨人工智能在人力资源管理中的运用。人工智能的研究建立在数学、计算机科学、心理学、语言学、哲学等众多学科理论之上。它彻底改变了管理和研究的常规逻辑。传统的管理研究通常先有理论假设,然后通过数据分析来验证;而人工智能则是从大数据出发,借助数据来进行逻辑推演。这一转变同样影响着决策制定过程的逻辑。早在 1991 年,学者 Brooks 就提出了人工智能应用的三个层次:基础支持层、平台架构层和技术层,这为人工智能在人力资源管理领域的应用奠定了坚实的基础。

在人工智能的人力资源管理应用架构方面,学者 Strohmeier 和 Piazza 在 2015 年根据人力资源的四个主要任务提出了与人工智能相匹配的人力资源管理概念模型,即人员配置、绩效管理、发展、薪酬。学者 Jia 等人在 2018 年提出了"AIHRM"(人工智能型人力资源管理)的概念模型,即人工智能可以与人力资源管理的六大模块相结合形成六种"AIHRM"系统:智能的决策帮助系统、智能的评估系统、人与机器互动系统、智能培训系统、咨询系统和智能激励系统。

其实,人工智能是通过两种基本关联方式来支持人力资源任务类别。一是人力资源任务的自动化,旨在将部分任务的性能从人转移到机器;二是人力资源任务的信息化,其是基于人力资源的自动化,来增强管理者的决策有效性。基于此,可根据人力资源管理职能将人工智能的核心技术相应应用到其各个模块中。在人工智能的基本支持层面,核心技术是大数据、计算能力、新的运算模型等。那么这些核心技术可支持人力资源管理的招聘与任用、薪酬与激励管理等多个模块。而这些模块同时关联着"匹配",例如人岗匹配、薪酬与绩效的匹配、创新与知识的匹配等。同时,人工智能还能通过人工神经元技术,进行历史数据对比分析,包括员工年龄、资历、工资、资格、职位等信息,从而对员工流动率进行预测,进而影响 HR 的规划、招聘等配置决策。此外,通过机器学习法和信息化手段,可将人工智能运用到绩效管理,从而聚合所有与任务相关的数据以帮助员工提高绩效。人工智能的人力资源管理应用架构如表 3.1 所示。

表 3.1　人工智能的技术核心在人力资源管理中的应用

应用层面	核心技术	人力资源模块
基本支持层面 （初级）	大数据、计算能力、新运算模型、语音识别、人脸识别、触摸识别等	人力资源战略 绩效管理 招聘与任用 培训与开发 薪酬与激励管理 等
平台架构层面 （中级）	高科技网络搭建、大学实验室、深度学习平台等	培训与开发 流程管理 职业生涯管理 绩效管理 等
技术层面 （高级）	智能搜索、瞳孔识别、机器人技术、理论验证等	人力资源战略 招聘与任用 培训与开发 绩效管理 等

数据来源：根据 Jia 等（2018）整理而成。

当前，众多人工智能技术在人力资源管理的应用主要集中在人岗匹配上。这通常涉及一系列复杂的算法来执行匹配工作。例如，企业可以根据员工个人的技能和才能，将他们分配到最合适的岗位上，以实现最优的人才配置，从而提升资源利用效率和整体产出。要实现这一目标，员工的个人信息和岗位信息都需要被编码进相应的特征空间中。匹配的质量可以通过一个函数来表达，这个函数描述了员工特征空间与岗位特征空间之间的关系。假设我们用 Y 来代表员工的信息，G 来代表岗位的信息，那么员工与岗位之间的匹配程度 M 可以表示为 $M = F(S(Y), S(G))$。在这里，$S(Y)$ 和 $S(G)$ 分别代表员工和岗位的特征空间，而 F 则指代它们之间的函数关系。

在这种情况下，人工智能具有两种解决"匹配"问题的学习形式，即机器可以通过监督学习或无监督学习来归纳员工和岗位特征空间之间的关系。对于监督学习，即在机器学习过程中提供人工标注的含有正确目标的训练数据作为对错指示，利用相关算法让机器进行学习，不断减小误差，最终能够从给定的训练数据中得出一个函数关系，当输入新的数据时，便可依据该函数预测输出结果。这一类学习模式主要应用于分类或回归预测任务。具体来说，即可预先利用员工信息、岗位信息人为判断出匹配程度，将其作为有标注的训练样本，那么计算机就可以基于训练数据去拟合并归纳员工与岗位特征空间之间的函数分布 F，不断减小机器对匹配度的预测结果与人工标注的正确结果之间的误差。

这是一个优化过程,模型中所有参数首先进行随机初始化,然后通过优化器根据优化目标不断迭代直至收敛到一个最优点。对于分类任务来说,最小化误差等同于最大化后验概率值 $P(m_i \mid y,g)$ 的优化目标,其中 y 和 g 分别是当前输入的员工和岗位数据,m_i 是标注的该组员工和岗位的实际匹配度类别。假设共有 n 个预测类别,根据贝叶斯定理,有 $P(m_i \mid y,g) = \dfrac{P(m_i)P(y,g \mid m_i)}{\sum\limits_{j=1}^{n} P(m_j)P(y,g \mid m_j)}$,等式右边的概率项都是可观测的先验数据分布,因此机器通过对数据分布的拟合和概率目标的优化便可以完成预测任务。优化过程结束,参数迭代更新至最优点,我们即确定了匹配度函数 F,再输入新的员工信息和岗位信息即可自动输出匹配程度,实现匹配度的准确预测。

对于无监督学习,即没有人工标注的含有正确目标的训练数据作为预测准确度的指示,需要自己建立员工和岗位的特征空间。通过建立合适的模型算法,把原始的员工和岗位数据映射或转换成对应的空间向量,该员工和岗位向量之间的距离即可作为匹配程度高低的度量。

从上述例子中我们可以看出,人工智能技术的应用可以通过设计不同的算法和模型结构,推进人力资源管理系统智能化建设,使人力资源管理工作信息化、数字化、智能化。而且,人工智能技术的应用有利于对数据和信息进行集中规范的动态管理,提高资源配置效率和产出效率,有效抑制"人不对位、才不对岗、岗不对位、位不对责"等"错配"现象。

技术让人力资源管理更加碎片化

　　然而,随着技术不断的渗透,企业管理者会发现人力资源管理反而更加模块化、碎片化。模块化、碎片化虽然反映了企业对于灵活性、专业性以及成本效益的高度需求,但是这种应用模式的背后,是对人力资源管理多样化需求的深刻理解和对技术发展不均衡性的现实适应。在人力资源管理的各个领域中,每一个方面都有其特定的需求和挑战。例如,在前文中提到了人工智能技术在招聘中的应用,企业可能会利用 AI 技术进行简历的自动筛选,帮助快速识别符合职位要求的候选人。这一过程中,人工智能技术可以通过分析简历中的关键词和经验描述,高效地完成初步筛选工作,从而显著提高招聘效率。而在员工培训与发展方面,人工智能技术还可以根据员工的学习习惯和进度,提供个性化的学习计划和内容,从而提高培训的有效性和针对性。

　　可是,技术发展的不均衡性确实在很大程度上塑造了人工智能在人力资源管理领域的应用模式。自动化简历筛选技术的成熟和广泛应用提供了一个典型例子。例如,一些领先的科技公司和大型企业已经采用了基于人工智能的简历筛选工具,这些工具能够通过算法分析简历内容,快速识别出具有所需技能和经验的候选人。这种技术不仅显著提高了招聘过程的效率,还帮助减少了人为偏见,使人才选拔更加公平和客观。相比之下,人工智能在处理更复杂的人力资源管理任务上,如员工关系管理或绩效评估,还未达到广泛应用的程度。这些领域涉及大量的人际交往和情绪理解,对人工智能的要求远不止于简单的数据处理和模式识别。例如,员工关系管理需要考虑个人情感、团队互动以及组织文化等复杂因素,而这些是目前 AI 难以全面把握的。同样,绩效评估也不仅仅是量化分析,还涉及对员工工作表现的主观判断和反馈,这需要深度学习和自然语言处理技术的进一步发展才能更好地应用。

　　面对这种情况,许多企业选择了一个渐进的策略:首先在成熟的领域如自动化简历筛选引入人工智能技术,然后随着技术的进步,逐步探索在更复杂领域的应用。例如,一家跨国公司可能最初采用人工智能简历筛选工具来提高其全球招聘流程的效率,随后,随着对人工智能技术的进一步了解和信任的建立,该公司可能开始探索将人工智能技术应用于员工培训程序,利用人工智能来定制个性化的学习路径和内容,以提高培训的有效性。进一步地,随着技术的成熟,这家公司也可能探索使用 AI 进行员工满意度调查和分析,以收集和分析员工反馈,帮助改善工作环境和员工关系。

集成与兼容性的考虑显著影响了企业对人力资源管理中模块化和碎片化应用的偏好。引入人工智能技术时,企业已建立的人力资源管理系统和工具以及不同企业对技术的多样化需求,共同塑造了这种趋势。以全球运营的大型跨国公司为例,它们通常已部署复杂的人力资源信息系统(HRIS),覆盖员工生命周期的各个阶段。这类公司在寻求通过 AI 优化招聘流程时,倾向于选择能够与现有 HRIS 无缝集成的自动化简历筛选工具。模块化 AI 工具的选择,使得这些公司能够在不需要重构或更换整个系统的情况下,有效整合新技术,节省了大量时间和资源。中型企业则可能面临不同的挑战,如急需提升员工绩效评估的效率和客观性,但受限于现有人力资源管理软件缺乏高级数据分析功能。引入设计用于分析绩效数据并提供深刻洞察的 AI 模块,可以无缝提高现有系统的能力,避免了更换整套解决方案的需要。这种方式不仅提升了绩效评估的质量,还最小化了对企业现行工作流程的干扰。对于资源受限的初创公司,提升员工满意度和留住人才尤为关键。这些公司可能会选用能直接集成进简单在线工具套件中的模块化 AI 反馈分析工具。这样的工具能够自动搜集并分析员工反馈,即时提供改进工作环境和企业文化的见解与建议。这种灵活的模块化方案,使得初创公司能够以较低成本利用先进技术,同时免于对现有流程进行大规模改动。

因此,人力资源管理领域 AI 应用的模块化和碎片化特征,主要是因为这种应用模式能够为企业提供所需的专业性、灵活性和成本效益。随着 AI 技术的持续进步和成熟,我们期待未来会出现更加集成化、系统化的解决方案。这一进展将依赖于技术进步、市场需求和实践经验的累积。

数智时代的人力资源价值链

在数智时代,技术的飞速发展已经重塑了客户、员工和商业伙伴之间的关系,其中,更加灵活的员工关系模式便是一个明显的标志。诸多学者指出,基于契约的传统员工关系正在向基于合作共生和人力资本投资的双赢模式转变。激发员工的创新精神和内在动力,提升企业的稳定性与竞争力,已成为企业不可推卸的核心责任。

从这个视角出发,人力资源管理的核心任务是帮助员工发现工作的意义,并将他们塑造成价值的创造者。然而,"价值"本身是一个复杂多维的概念,它既包含了主观评判,也蕴含着客观存在的特质。从哲学的角度来讲,价值反映了人类对世界及其生活的理解和态度,它是人们在特定文化、信仰和经验的基础上所做出的重要性评价。价值观在不同个体、社会甚至文化中呈现多样性,它们指导着人们的行为和决策过程。例如,环保主义者可能将自然环境的保护视为至高无上的价值,而企业家则可能更看重创新和效率。因此,价值是相对的,并且随着时代的变迁和社会的发展而演化。

在经济学中,价值则更加具体,指物品或服务满足人类需要的能力。这种能力可以通过市场价格来体现,价格成为衡量商品和服务价值的直接指标。然而,经济价值并不完全等同于价格,它还涉及成本、稀缺性和替代品的可用性等因素。经济学家通过分析这些因素,探讨如何优化资源分配以提高社会福利。

关于人力资源管理的价值,我们可以从更广泛的视角来看待。人力资源管理不仅关注满足组织的即时需求,比如招聘合适的人才、提供培训以增强技能、设计激励机制以提高生产效率,它还关注长期目标的实现,如促进员工职业生涯的发展、维护和增强组织的文化、提升员工的工作满意度和生活质量等。这些活动帮助组织建立起一种可持续发展的竞争优势,因为优秀的人才和高效的人力资源管理是组织成功的关键。从战略层面看,人力资源管理的价值还体现在其能够支持组织适应外部环境的变化,比如市场竞争加剧、技术进步、法律法规的变化等。通过有效的人力资源规划和管理,组织可以快速响应这些变化,确保其战略目标的实现。此外,人力资源管理还能促进组织内部的沟通和协作,提高团队效率,进而增强组织的整体绩效。

在数智时代,企业面临的运营环境和竞争格局发生了根本性变化,这些变化迫使企业重新审视并深化对人力资源价值链的理解和应用。技术的飞速发展,尤其是人工智能、大数据分析、云计算和机器学习等技术的广泛应用,不仅为人力资源管理提供了前所未有的工具和平台,也为人才的招聘、培养、评估、激励和保留带来了新的挑战和机遇。而且,数智时代要求企业的人力资源部门超越传统的行政和支持角色,转型为战略伙伴,直接参与到企业的战略规划和执行过程中。这种转型意味着人力资源管理需要更加关注如何通过有效的人才管理策略,促进组织的创新和竞争力的提升。因此,清晰地理解人力资源价值链的各个组成部分及其如何相互作用,对于设计和实施这些策略至关重要。

随着企业运营日益数字化和智能化,对人才的需求也在发生变化。现代企业不仅需要具备传统技能的员工,更需要那些能够适应快速变化、具有数字化思维和创新能力的人才。这就要求人力资源管理不仅要在招聘时识别这些能力,还要在员工的培训和发展计划中对其加以强化和扩展。了解人力资源价值链,特别是它如何支持人才的发展和绩效管理,可以帮助企业更有效地构建和维护这种人才库。与此同时,员工期待也在发生变化。员工寻求更多的灵活性、更有意义的工作以及更紧密的社区感。人力资源管理需要通过有效的沟通、激励和参与机制来满足这些期待,从而提高员工满意度和忠诚度。理解和优化人力资源价值链中的员工体验和关系管理环节,对于建立这样一个支持性和高效的工作环境至关重要。

人力资源的价值研究发展阶段

如果从资源的角度分析企业运营,可以认为有价值、稀缺、不可模仿以及无法完全替代的资源构成了组织竞争优势的核心。将同样的理念应用于组织内部,员工所具备的知识、技能和所参与的活动都有可能成为企业竞争优势的源泉。基于这样的认识,早期学者如 Ulrich 就已经指出,开发员工技能和能力的人力资源职能,是提升企业可持续发展价值的关键要素。

1999 年 Lepak 和 Snell 对人力资源价值给出了定义:"相较于部署相关成本而言,特定的人力资源活动所提供的战略效益。"他们认为,人力资源的价值是通过推动企业战略实现来创造的。根据战略人力资本理论,人力资源价值源于人力资本,这包括员工的专业知识、经验和技巧,这些都有可能成为企业竞争力的战略资源。Lepak 和 Snell 进一步阐述,人力资本价值是指"从技能中获得的战略利益与客户相对于所产生成本的比率",并且这一价值可分为企业特定价值和一般价值:前者表征组织独有的宝贵资源;后者则反映组织对外界的价值。围绕人力资本价值的讨论不仅引起了人们对价值创造和获取的关注,也激发了人们对如何激励员工在平台生态系统发展中为企业创造价值的兴趣。在解答有关人力资源价值的问题时,分两个不同的阶段来审视人力资源价值至关重要。

　　在第一阶段,人力资源职能为企业贡献价值。Ulrich 和 Brockbank 于2005 年提出了一个人力资源价值主张模型,如图 3.3 所示。该模式包括了解外部业务现实、为外部和内部利益相关者服务、制定人力资源实践、建立人力资源系统以及确保人力资源专业化。他们解释说,人力资源经理应该掌握有关不断变化的技术、经济和人口统计的知识,并根据这些知识制定人力资源解决方案,为内部和外部利益相关者服务,与目标客户建立长期联系。最后,人力资源职能部门将创建组织能力,并部署明确的员工价值主张。随着人力资源服务的发展,研究人员基于人力资源职能部门提供的服务,提出了交易型和转型型人力资源价值观。交易型和转型型人力资源价值观都具有使用价值和交换价值。当人力资源职能部门旨在提供及时、准确和标准化的使用价值,从客户和最终用户那里获得金钱和精力方面的交换价值时,他们会为组织贡献交易价值。相反,当人力资源职能部门提供定制服务的使用价值来开发人力资本,并从客户和最终用户那里获得金钱和精力方面的交换价值时,他们会为组织贡献转型价值。在这一阶段,人力资源职能被划分为不同的细分模块和流程,利用以往的经验促进企业发展。学者 Lepak 和 Snell 也提出了一种人力资源架构,以展示

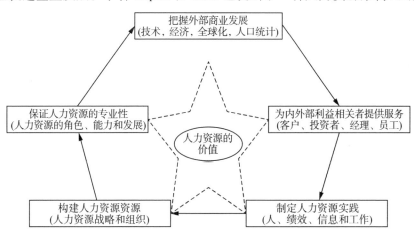

图 3.3　人力资源价值主张模型

数据来源:Ulrich 和 Brockbank(2005 年)。

如何利用各种类型的人力资本。他们认为，开发人力资源功能或服务是为了为流程或业务贡献价值，这与传统的人力资源价值观相一致。

在第二阶段，人力资源职能部门相互合作，利用数字技术创造价值。在数字时代，人力资源职能部门借助大数据，以数据量、多样性、速度和价值为特征，高效、准确地服务于客户和终端用户。数字技术在人力资源职能中的使用预计将强化人力资源管理的战略作用，并使人力资源任务更高程度地下放给直线管理者。因此，人力资源职能传递人力资源价值的方式可能会发生变化。数字化工具具有相互关联的人力资源功能；所有人力资源模块都使用了技术来收集员工行为和心理数据，包括结果和过程。人力资源管理可以利用这些数据来预测和决策招聘、选拔、绩效管理等。机器学习、大数据和算法管理可以从企业内外的员工身上创造和提取价值。德勤于 2009 年发表了一份关于《通过人力资源战略创造价值》的报告，描述了人力资源战略如何通过提供共享服务和遵循数字时代的新规则，为业务合作伙伴、专业中心、供应商经理和外包商创造价值。学者 Hewett 和 Shantz 在 2021 年提出了人力资源共创理论，推动了人力资源价值观的实现。他们认为，人力资源和利益相关者合作，通过设计和实施满足多个利益相关者需求的人力资源实践来优化价值。人力资源共创理论强调人力资源与利益相关者的合作，而不是独立工作。这反映了数字时代的特点，在这个时代，企业内部的各个方面都是相互联系的。因此，在数字时代，与其他部门和利益相关者的合作和价值创造至关重要。

人力资源价值链的概念早在 1995 年就有学者提出。学者 Dyer 和 Reeves 认为企业中的人力资源实践可以被视为刺激员工产出和提高组织绩效的一系列事件和任务。如图 3.4 所示，Lilly 和 Gray 认为人力资源实践从人员需求规划开始，到员工流动结束。价值链过程旨在为组织的业务活动贡献价值。总体而言，人力资源价值链概念在学术界并没有得到太多关注；学者们对人力资源价值链中的各个环节持有不同的看法。一些学者将这些环节概括为价值创造、评价和分配。随着信息和通信技术的发展，人力资源价值观和价值链的概念发生了变化。而在 2006 年 Peppard 和 Rylander 提出了另一种视角，即价值链从一个链转变为一个网络或星座。它揭示了人力资源价值链的概念；然而，疫情和其他技术转变使外部市场环境比以往任何时候都更有活力。组织面临着快速变化的市场要求和劳动力市场条件，尤其是对新生代来说，这不足以解释这些变化。因此，我们必须考虑：在新的数字化时代，人力资源价值链将如何转型？

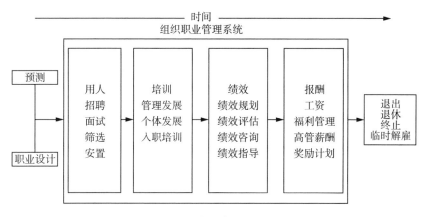

图 3.4　人力资源价值链

数据来源：Lilly 和 Gray(2005).

人力资源价值链新范式

　　然而，由于中国数字化转型背景下人力资源价值链概念的理论支持有限，目前我们只能通过多个案例构建一个模型来解释人力资源数字化的过程。而我们选择以中国家电和化工行业为研究背景，这是因为：第一，改革开放以来，我国家电、化工产业实现了由小到大、由弱到强的竞争力转变，取得了显著成就，这是通过采取"引进、消化、发展、创新"的工作政策实现的，而诸多大型的家电和化工行业内的企业已经或正在采取类似的人力资源管理战略，这有助于我们开发一个通用的人力资源管理模型；第二，我们选择的企业正在利用大数据和人工智能工具等先进技术改造其人力资源管理系统，并在数字化转型方面取得了重大进展；第三，家电和化工行业在企业之间形成了相对激烈的竞争环境，这加剧了对人才的需求和充分利用。为了吸引更具竞争力的人力资源，企业正在开发系统化、特色化的人力资源管理系统。最后，我们目前选择的家电和化工行业的企业发展数据有据可查，为研究人员提供了实时、全面的数据。本研究中使用的样本包括三个典型的企业：1969 年成立的海信集团，1984 年成立的海尔集团，以及成立于 1991 年的京博控股集团。

　　海尔集团，作为一个历史悠久的全球性家电制造企业，已经成为业界的一个佼佼者。这家企业不仅以其高质量的产品和领先的技术而闻名，而且还因其在战略转型方面的先进思维而备受瞩目。历史上，海尔经历了多次重要的战略转型，这些转型不仅加强了其在全球市场上的竞争力，也显著地推动了其业务的多元化和技术的革新。目前,海尔正在全球范围内实施一种被称为"人单合一模式"的管理策略。这种模式突破了传统的企业管理框架,强调员工的个人能力和创新精神,同时鼓励更多的企业家精神。通过这种模式,海尔希望能够促进一个更加灵活和响应迅速的组织结构,从而更好地适应市场的快速变化,同时推动公司的生态发展。海尔也是中国最早将数字技术应用于人力资源管理的企业之一,这表明了海尔在数字化转型方面的前瞻性思维。通过将数字技术融入人力资源管理,海尔不仅提高了其运营效率,还增强了员工参与感和满意度。此外,这种方法还帮助海尔积累了大量关于如何在数字时代有效管理人力资源的宝贵经验。这些经验不仅对海尔自身的发展至关重要,而且对于其他企业而言,也提供了宝贵的学习和借鉴的榜样。

海信集团作为一家在全球范围内享有盛誉的中国企业,已经成为家电和消费电子市场的一个重要参与者。该集团不仅拥有东芝等多个国际知名品牌,而且在美国、欧洲和澳大利亚等地设有分支机构,展示了其强大的国际化运营能力和广泛的市场影响力。而海信的成功最初源于其在电视行业的突破。凭借对市场趋势的敏锐洞察和对技术创新的持续投入,海信迅速发展成为电视行业的佼佼者。随后,海信扩展其业务范围,涉足多个技术领域,包括智能家居、数字化信息技术、智能制造等,成为一家多元化的全国性创新企业。这一转变不仅标志着海信的技术进步和市场扩张,而且展示了其在全球竞争中不断适应和创新的能力。在人力资源管理方面,海信一直走在前沿。早在 2004 年,海信就开始采用人力资源信息系统(HRIS),这在当时是一项领先的举措。通过HRIS 的实施,海信大大提高了在工资单管理、员工数据处理和其他人力资源管理方面的效率。这不仅改善了内部运营流程,还提升了员工满意度和工作效率。2014 年,海信进一步加强了对数字技术的应用,成立了人力资源共享中心。这一举措标志着海信在人力资源管理领域的又一次创新。人力资源共享中心的建立,不仅优化了资源配置和服务质量,还增强了企业的战略决策能力。海信通过探索数字技术在人力资源管理中的应用,不仅提升了内部管理效率,还为企业的可持续发展提供了强有力的支持。

山东京博控股集团有限公司自 1991 年成立以来,经历了深刻的变革和发展,逐步成长为中国商界的一个重要成员。这家公司不仅是中国 500 强企业之一,而且其独特的发展模式和业务范围也显示了其在中国企业中的特殊地位。京博控股的发展经历了几轮重要的股份制改革,这些改革不仅加强了公司的市场竞争力,也为其后续发展奠定了坚实的基础。目前,该公司已经发展成为一个由社会慈善组织和个人共同出资的现代化企业。这种结构不仅体现了京博控股的社会责任意识,还展示了其在探索大学与企业合作方面的创新思路。这种合作模式不仅有助于促进学术和实践的结合,还为社会企业的可持续发展提供了新的思路。在业务方面,京博控股专注于在能源、新材料、农业、农村经济、农业科技和物流等领域提供全面的产品、技术、服务和系统解决方案。这种多元化的业务布局不仅显示了京博控股在各个领域的专业能力,还表明了其对市场需求和社会发展趋势的敏锐洞察。在管理方面,京博控股一直在不断进步。尽管在 2013 年,该公司还在手动记录信息,但现在已经完成了人力资源管理的信息化改造。大多数数据和业务流程现已数字化,并存储在服务器上。这一转变不仅提高了工作效率和数据准确性,还为企业决策提供了更加可靠的信息支持。目前,京博控股的人力资源管理部门正在探索如何在日常工作中更有效地使用数字技术,这包括自动化的员工管理系统、高效的数据分析工具和改进的通讯系统。这些技术的应用不仅提升了内部管理效率,还提升了员工的工作体验,从而提升整体的组织绩效。

笔者选取海尔集团、海信集团和山东京博控股集团有限公司作为研究对象,旨在深入剖析中国大型企业在人力资源管理转型方面的实践与挑战。这三家知名企业不仅在国际上享有盛誉,代表了中国企业的全球化形象,同时它们在山东省的发展轨迹也颇为相似,具有大规模和长期的成长历程。此共同背景为本书的研究提供了一种独到的比较视角,有助于揭示和理解这些企业在人力资源管理改革过程中的共性问题和策略差异。首先,这三家企业的相似发展历史意味着它们共享相同的社会和文化背景。这一点对于研究者来说至关重要,因为它允许进行横向比较,从而更好地理解这些企业是如何在类似的环境下发展和适应的。这种比较可以揭示不同管理策略和实践在相似条件下的有效性,为其他企业提供宝贵的参考和启示。其次,这三家企业在人力资源管理方面经历了数次变革,这些变革都得到了充分的记录。这一点对于研究人力资源管理的转型至关重要。通过分析这些记录,研究者可以追踪每个企业的变革过程,理解它们在不同阶段采取的策略,以及这些策略如何影响了企业的整体发展。此外,这些记录也能揭示企业在应对市场变化、技术进步和政策调整等外部因素时的适应能力。最后,海尔、海信和山东京博控股集团正在进行的人力资源管理的数字化改革为研究提供了一个独特的窗口。对于年销售额超过 100 亿美元的大型企业来说,这种改革既昂贵又充满挑战。研究这些改革不仅可以揭示大型企业在数字化转型中的挑战和机遇,还可以理解这些转型如何影响企业的人力资源管理策略、员工参与度以及最终的业务成果。因此,通过研究这三家企业的人力资源管理转型,可以深入了解大型企业如何在快速变化的市场环境中适应和发展,以及它们是如何在数字化时代下保持竞争力的。这为其他企业提供了重要的案例研究,特别是那些正在寻求在全球化和数字化时代中发展和转型的企业。这样的研究不仅对中国企业有重要意义,也对全球商业环境有着深远的影响。

海信在人力资源管理方面的发展历程尤为引人注目。在 20 世纪 90 年代,海信还处于传统的人力资源管理阶段,当时的部门被称为"人事部",职能主要集中在基础的行政和员工管理上。随着企业规模的扩大和市场的发展,海信开始着手对人力资源管理进行一系列的变革。大约在 1995 年,海信成立了正式的人力资源管理部门,这标志着对人力资源职能的重视和专业化。2003 年左右,海信引入了系统、应用和产品(SAP)系统,开启了人力资源管理的早期信息化阶段。2010 年后,海信推出了电子人力资源(EHR)系统,并逐步实现人力资源服务的在线化,这一步骤大大提高了工作效率和服务质量。目前,海信正致力于从 EHR 转向数字人力资源(DHR),旨在进一步提升人力资源管理的价值和效能。

与海信的发展轨迹相似,海尔的人力资源管理同样经历了显著的变化。1984 年,海尔还是一个面临破产风险的小工厂,缺乏成熟的人力资源管理体系。在张瑞敏的领导下,海尔开始重视并建立起规范化的人力资源管理体系。这包括了制定明确的规章制度,确保员工行为的规范化。进入 21 世纪后,海尔进行了一系列转型,包括成立专门的人力资源管理部门,以及 2008 年左右向三大支柱的人力资源管理模式转型,以提升管理效率和效果。2012 年左右,海尔进一步推动了人力资源管理的信息化,实现了人力资源业务的在线办理,并构建了全国性的人力资源服务网络。2019 年以后,海尔在人力资源管理方面的数字化和智能化转型进一步加速。在这一系列变革中,海尔员工的人均效率显著提高,从 2008 年的 1∶150 提升到 2020 年的 1∶2 000。

山东京博控股集团作为石化行业的领头羊,其人力资源管理的变革虽然相对缓慢,但也体现了逐步转型的特征。直到 2013 年,京博的人力资源管理业务还主要依赖于人工操作。相比之下,海尔和海信在这一时期已经开始了人力资源管理的信息化进程。2015 年,京博引入人力资源系统,标志着其人力资源管理的信息化开始。在接下来的几年中,京博加快了数字化转型的步伐,开始逐步实现人力资源管理的数字化。

海信、海尔和山东京博控股集团作为家电和化工行业的巨头,它们在人力资源管理方面的发展轨迹从传统的职能转变为现代化的管理体系,这一过程反映了中国大型企业在全球化背景下的适应和转型。而且这三家企业在人力资源管理方面的变革不仅体现了中国企业在适应全球化和数字化趋势中的努力,也反映了在不断变化的市场环境中,企业如何通过改革和创新来提升管理效率和竞争力。这些经验对于其他企业尤其是处于转型期的大型企业具有重要的借鉴意义。

海尔:数字化转型赋能员工

《财富》世界 500 强的一项分析显示,目前榜单上只有 164 家公司是在1995 年之后成立的,而在 2020 年的榜单上,有 116 家公司来自中国,海尔就是其中之一。海尔智家股份有限公司(简称"海尔智能家居",前身为"青岛海尔")继续攀升世界 500 强,从 2018 年的 499 位升至 405 位。海尔之所以能够获得全球认可,是因为海尔在第五个战略阶段,即网络战略阶段进行了重大转型。海尔的指数级增长得益于几个成功因素。首先,海尔注重通过组织进化实现价值循环,并很早就开始规划人力资源数字化。在组织结构方面,在第五个战略阶段之前,海尔开始将传统的金字塔型组织结构转变为倒金字塔型的组织结构;曾经提供决策权的领导者从组织结构的顶层转移到了底层,从而迫使领导层成为提供资源的平台。这是基于海尔集团董事局主席兼首席执行官张瑞敏在 2005 年首次提出的人单合一商业模式。"人单合一"模式的核心是每个员工都应该直面用户,创造用户价值。员工应该通过为用户创造价值来实现自己的价值,这意味着员工是公司提供的所有服务的最终用户。随着海尔开始向三大支柱模式转型,一旦进入第五个战略阶段,人力资源团队就开始规划公司的数字化转型。

目前,海尔已进入其发展的第六个战略阶段——生态系统战略阶段。在这一阶段,海尔构建了一个由数千家微型企业(ME)组成的复杂网络,这些微型企业在多个生态系统微型社区(EMC)中运营。如果将这些中小企业视为独立的实体,EMC 则可以看作连接这些企业的价值链,共同朝着一致的目标努力。在这样的架构下,尽管每个企业在量子层面上是相互联系的,它们也能够快速响应并适应外部环境的变化。如果把 EMC 比作一个城市,那么这些中小企业就像是生活在这座城市中的每一个居民。为了满足客户的需求,每个中小企业都有一个总体愿景、指导方针和价值观。2022 年,学者 Zohar 强调,多个 ME

需要集结在一起,以充分发挥其潜在的价值。这一切都得益于海尔花费超过7年的时间规划和开发其数字化人力资源管理平台。

海尔成功的第二个因素是领导层对变革的不懈坚持。张瑞敏董事长认为,数字化时代的组织需要围绕新的原则进行构建。随着组织的发展,需要从传统的价值体系(CEO、员工、规章制度)转向以人为本的新价值体系。在RDHY商业模式中,每个员工都需要根据他们所能提供的服务来找到他们服务的用户,因此员工价值体现在用户价值创造的过程中。未来组织竞争将是生态系统之间的竞争,因为一切都将相互连接。

海尔人力资源管理的第三个成功因素是战略调整,创造了数字化转型的潜力。海尔的人力资源管理数字化转型过程与企业战略和文化的迭代密切相关。例如,从2012年到2019年,海尔提出了"世界是我的人力资源部"的网络化战略和口号,吸引了来自世界各地的人才在海尔平台上创业。这要求人力资源服务具有高度的灵活性和流动性。这意味着人力资源服务必须进行数字化转型,建立人力资源共享平台。因此,海尔HRSC正在探索在线信息处理系统,用户可以通过在线预订或现场排队在一个地方处理所有业务。"一地通"的服务模式显著提升了用户的满意度。

到了2019年底,海尔集团启动了生态品牌战略,旨在实现用户和海尔生态系统各利益相关方的共赢。在当前阶段,人员流动性更强,数字化程度也比以前更高。海尔HRSC运用数字化和智能化技术,为用户创造最佳体验和最佳运营效率,全面转型升级。海尔人力资源服务中心建设了人力资源网上大厅,为员工提供了入职、离职、证书、公积金、合同等在线服务,这些都是向着更高效、更智能化的人力资源管理迈出的重要一步。

海信:服务对象转型下的人力资源管理改革

与海尔和京博一样,海信的人力资源管理改革同样经历了几个阶段,并在这一过程中展现出了独有的特点。海信的转型不仅关注于数字化的早期规划,还特别强调了两个关键方面:接受人力资源服务的员工多样性和重新挖掘与企业及员工行为相关的人力资源数据。

海信最初专注于电视生产。进入21世纪,海信开始多元化发展,不仅在电视业务规模庞大,还快速扩展到空调、冰箱等其他电子消费产品。除此之外,海信还开展了智能交通、智慧城市等业务。随着业务的多元化,海信的员工构成也变得更加多样化。在21世纪之前,受国有企业制度的影响,海信设立了劳动和人事部门,主要职能是为企业提供足够的员工储备,并进行必要的培训。在这个阶段,人力资源服务的主要接受者是海信的管理层,为他们提供员工以开展工作。

然而,随着海信的扩张和战略变化,降低工作成本和提高工作效率成为人力资源管理的新目标。为此,海信试图通过引入人力资源管理信息系统来处理标准化的线上业务,实现这些目标。在这一阶段,人力资源管理不仅为管理者提供服务,还开始为广大员工提供服务。通过提供标准化和线上服务,人力资源管理部门旨在节省行政时间并提高员工生产力。

可是,海信的人力资源管理转型并不仅仅满足于效率的提升。海信正在试图通过基于员工视角的数字化转型来深入挖掘人力资源数据,为员工创造更多价值。这包括提供职业发展机会、定制化培训等服务,从而凸显海信人力资源管理改革的第二个特点。海信还重视商业和员工行为的人力资源数据再挖掘。在数字化转型的过程中,企业获取的数据已经大幅提升。在传统的人力资源管理模式下,所有业务都是线下处理的,而引入人力资源管理信息系统后,一些HR 服务可以在线上完成。这不仅为员工提供了价值,还使管理者能够随时访问与人力资源相关的基本数据,如员工人数、年龄、性别、教育背景等。虽然基本数据的整合为企业发展奠定了基础,但它主要侧重于提高工作效率。

为了进一步提升员工的工作效果,海信通过将大部分 HR 服务整合到同一平台,并建立平台与不同系统之间的接口来推动数字化转型。这意味着人力资源管理平台不仅收集基本数据,还利用这些数据来定制学习计划、独立评估等。毫无疑问,这个过程极大地扩展了人力资源管理的数据来源和应用范围,为海信在人力资源管理方面的持续创新和优化提供了强有力的支持。

山东京博控股集团通过数字化转型实现人力资源价值

即使对于传统制造业公司如京博而言,在其最新的战略转型阶段,数字化已成为一种不可避免的趋势。京博经历的三个阶段的战略转型中,其人力资源管理的重点在每个阶段都有所不同。在 2000 年之前的第一阶段,京博的HRM 主要集中在员工入职、考勤和基本薪酬管理上。这一阶段的人力资源价值主要在于满足公司的基本行政需求,这反映了公司当时的性质和对劳动力的基本需求。随着公司的发展,京博开始面临更严峻的市场环境和更高的人才管理要求,这倒逼其 HRM 进入第二阶段,更加专注于绩效管理和组织设计。

进入数字时代,京博开始规划其 HRM 的转型,从传统的 HRM 角色转变为更加复杂的三大支柱模型。在这第三阶段,京博的 HRM 更加注重员工的整体工作体验和个人发展。同时,京博开始规划和实施 HR 数字化,以适应公司面临的收入瓶颈和新的战略目标。公司计划采用集成数字化工具,并利用大数据来克服当前的挑战。京博数字化转型的速度受到转型成本的影响。在研究中,我们发现,随着组织的成长,组织转型过程中会出现不同的成本。在对京博员工和管理者的采访中,人力资源专家指出了转型成本的重要性。随着京博数字化和三大支柱模型的推进,不仅组织流程需要优化,旧系统数据收集的劳动力成本也需要重新评估。例如,为了获得更准确的绩效和薪酬分析数据,需要将基本的职位描述和责任信息输入系统中。然而,由于以前的战略优先级,当前的系统并未包含这些数据,输入这些数据需要大量人力。因此,出于成本优化的考虑,这一步骤被暂时搁置。

在京博,人力资源的价值由最终用户决定。在战略实施的前两个阶段,人力资源服务的主要用户是业务人员,尤其是销售人员。因此,前两个阶段的人力资源价值主要局限于招聘、薪酬和绩效管理。然而,随着转向三支柱模型,更多员工开始成为人力资源服务的用户。随着当前为人力资源数字化付诸努力,京博发现了更多展示人力资源价值的机会,并称之为"释放新的人力资源潜力"。例如,京博新推出的"校企合作人力资源管理系统",为大三和大四的大学生提供实习机会。且通过人工智能软件,京博可以将潜在人才与其招聘数据库相匹配,并在整个实习过程中跟踪他们的表现。这种创新不仅提高了人才招聘的效率,还加强了公司对人才库的管理和利用,体现了人力资源在数字化时代的新价值。

数智时代下人力资源管理价值链转型阶段

在我们对数智时代人力资源管理的常见设想中,该过程可以被细致地划分为几个关键阶段:数智化基础建设、系统集成与优化、高级分析及人工智能应用、全面数智化转型以及持续创新与发展。具体而言,在数智时代的初期,人力资源转型往往以建立坚实的数字化基础设施为起点。这个阶段主要关注于将传统的人力资源管理流程和系统进行电子化与自动化,打下一个坚实的技术基础,为后续的转型步骤奠定基石。这个初期阶段主要涉及从传统的纸质记录和手工处理过程转变为使用基本的电子数据处理和存储系统。企业开始引入数字化员工档案、电子薪酬处理和在线考勤系统,以简化和自动化基础 HR 流程,提高效率并减少人为错误。随着技术的进步,企业逐渐进入集成系统阶段。在这一阶段,企业寻求将分散的 HR 系统集成到一个统一的平台中,实现数据的集中管理。通过集成的人力资源信息系统(HRIS)或人力资源管理系统(HRMS),企业能够提供更连贯、更高效的服务,包括人才管理、绩效评估、员工自助服务和人事分析等功能。到了第三阶段,即进入更为先进的阶段,企业开始在人力资源管理中利用高级数据分析和人工智能(AI)技术。这一阶段标志着企业通过利用大数据和预测分析来优化招聘流程、员工绩效评估和员工保留策略。此外,AI 技术,如机器学习和自然语言处理,被用于自动化复杂的 HR 任务,如筛选简历和自动化客户服务。随后,企业进入全面的数字化工作场所和文化转型阶段。这个阶段超越了单纯的技术实施,涉及企业文化和工作方式的根本改变。人力资源部门在这一阶段不仅使用数字工具和数据驱动的决策来提升效率,还致力于营造一种数字化、灵活和员工友好的工作环境。这包括远程工作政策、数字化学习和发展平台,以及通过技术促进员工福祉和参与度。最后,随着数智时代的不断发展,企业进入持续创新和适应阶段。在这个阶段,企业不断探索新技术,如区块链、增强现实(AR)和虚拟现实(VR)在 HR 中的应用,同时保持对市场趋势和技术发展的敏感性。这要求 HR 部门保持灵活性,不断调整和优化其策略和流程,以适应快速变化的工作环境和员工需求。

但是必须注意的是,这不是适合中国情境的数智时代人力资源转型阶段。尽管上述提到的转型基本框架在全球范围内具有普遍性,但在中国这样一个独特的市场中实施时,必须考虑到一系列特定的因素。例如,徐淑英教授和刘忠明教授在 2004 年的《中国企业管理的前沿研究》一书中提到,中国企业的文化和管理风格通常更加倾向于集体主义和顶层决策,这种文化特征对数字化转型的接受和实施方式有着深远的影响。企业在推进数字化进程时,需要巧妙地将这些文化因素融入其中,确保转型策略与企业的文化和管理风格相协调。其次,尽管中国在某些技术领域取得了显著进步,比如移动支付和电子商务,但在数字基础设施的建设上,特别是在一些中小企业中,还存在一定的差距。这就意味着在数字化基础阶段,中国的企业可能需要投入更多的时间和资源来建立坚实的基础。此外,中国特有的法律和政策环境,特别是关于数据保护和隐私的法律,也将对人力资源管理的数字化方式产生影响。企业在处理和使用员工数据时,必须遵守这些法律法规,确保数据的安全和合规性。而且,更加重要的是,中国市场的快速变化和高度竞争性也是企业在推进数字化转型时不可忽视的因素。在这样的市场环境下,企业需要迅速适应市场的变化,这可能要求他们在数字化转型的某些阶段加快步伐,以保持竞争力。最后,考虑到不同行业和地区员工的技能和适应能力的差异,企业在推进数字化转型时需要特别关注员工的培训和教育。

正因为如此,我们根据上述的企业调研与学习,整理出了适合中国企业人力资源管理价值链在数智化转型过程中的三阶段模型。

第一阶段:以效率为导向的人力资源管理价值链

京博的数据分析显示,人力资源功能专注于设计和管理人事系统,以匹配企业的商业战略,人机交互频率有限,在人力资源管理中使用的数字技术常常用于处理事务性工作,如绩效管理。HR 和高层管理继续优先考虑通过使用数字化技术和其他资源来降低成本,从而提高业务绩效。Ulrich 在 1996 年提出,人力资源职能的价值取决于用户从中受益的程度。在京博,高层管理从数字技术中受益,因为他们使用这些技术来提高效率。他们将人力资源部门视为通过提高效率为商业运营增值的一种方式。因此,为了提高人力资源职能的实际价值,其每个组成部分都需致力于优化效率。鉴于高层领导着力于借助技术手段减少人力资源部门的开支以提升业绩,他们并不倾向于推动人力资源部门的转型——一个可能代价高昂且充满风险的过程。于是,人力资源管理的价值链依旧遵循传统的运作模式,这强调了所有向高层管理提供的 HR 服务都必须高效运作,这对提高公司整体业绩至关重要。换句话说,人力资源管理的角色是为企业的流程贡献使用价值,即 HR 功能提供的及时、标准化和一致的服务,这些服务的特点是量大和低时间及金钱成本。如图 3.5 所示,各种 HR 功能为整个价值链增加标准化和及时的使用价值,以实现企业的战略目标并提升价值链过程;企业的首要任务是通过降低成本来生存和盈利。这与战略人力资本理论一致,该理论专注于捕获员工的企业特定价值,以促进企业发展。在这个阶段,企业需要资源和流程来生产和推广其产品,盈利并为客户提供服务。为了满足他们的需求,HR 功能旨在资源化、吸引、发展、激励、管理、提升和留住员工,使用企业生产和提供服务所需的技能和知识表现。在这种情况下,员工构成了企业实现战略目标的资源。通过这种方式,可以使用传统人力资源功能的 HR 价值链来满足人力资源管理客户的需求。

为了紧跟信息技术的迅猛发展潮流,特别是人工智能领域的进步,众多企业正迅速采纳数字技术以提升运营的效率和效能。这其中就包括着力于效率优化的人力资源管理实践。实际上,各企业已经掌握了丰富的数字化资源。像京博这类企业,其宗旨在于利用先进技术降低经营成本,并充分利用其现有资源以实现效益最大化。因此,这些企业偏好于最小化人工与机器的交互,尽可能地依赖机器来处理日常事务性任务。在人力资源管理领域内应用数字技术,并不意味着会改变组织的基础架构;传统的人力资源管理价值链仍持续作为一种同时削减成本和提升工作绩效的有效工具。由此可推断,人力资源部门的数字化转型步伐将会相对缓慢,且在转型进程上可能未见显著进展。

对处于第一阶段的企业而言,高管团队的资源与能力是推动发展的重要力量,因而此阶段的人力资源管理工作重点在于,为企业发展保持必要的员工,保持效率与降低成本是此阶段人力资源管理的核心思想。

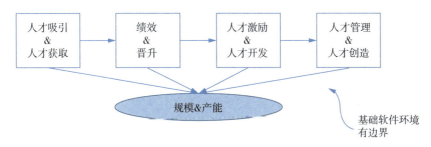

图 3.5　以效率为导向的人力资源管理价值链

第二阶段:以准商业为导向的人力资源管理价值链

随着企业规模不断扩张,以效率为导向的传统人力资源管理价值链在满足日益庞大劳动力对标准化和即时响应服务需求方面日渐显得力不从心。因此，人力资源管理亟须为员工提供更加高效的支持与服务。为了更有效地服务广大员工，海信的人力资源管理部门采纳了人力资源业务伙伴（HRBP）和专业中心（COE）的模式，并整合了多项数字技术，旨在提高管理效率和优化用户体验。人力资源管理的用户包括高层管理、中层管理和员工。对于高层管理，数字化人力资源管理旨在协助做出更准确的商业决策。数字化人力资源管理可以帮助中层管理更有效地管理他们的团队成员，员工可以更快地获得人力资源管理服务。在这个阶段，人力资源管理优先考虑准确性、用户体验和通过HRBP实现的业务功能间的部分整合。管理层对人力资源价值的看法源于提供高效和准确的服务。企业能力来源于创造价值的活动，如生产和服务。因此，高效的人力资源管理服务为企业发展创造价值。

值得注意的是，在这一阶段，人力资源管理正积极尝试通过收集来自业务单位的招聘需求和获取符合各个业务部门要求的员工，与业务整合。此外，使用人工智能工具创建人才档案也帮助业务部门充分利用员工的潜力，从而最大化人力资本价值。管理者们意识到人力资源管理在满足未来业务发展需求方面的重要性。随着数字平台的构建，人力资源管理部门可以通过集成系统（如办公自动化和学习系统）收集数据，执行多种功能，如人才吸引、培训和激励。在这一阶段，应用数字技术于人力资源管理的目标是提高准确性和用户体验；因此，数字应用的水平高于第一阶段。为了实现连接功能，人力资源管理功能的组织必须转变为更灵活和适应性的形式。正如学者 Burns 和 Stalker 在1961年，以及 Woodward 在 1965 年所建议的，组织成功取决于结构、技术和人力资源的一致性。因此，如图 3.6 所示，随着技术的进步，人力资源管理的价值链发生变化。吸引和资源化员工的功能是创造人力资本价值的基础。通过应用数字技术管理、创造和提升人力资本，可以让管理者更好地理解团队成员。激励员工和发展人力资本确保员工符合业务的运营需求。上述所有做法紧密相连，相互补充，以实现公司的商业战略。数字化转型的速度虽然缓慢，但比第一阶段快，因为管理层对人力资源管理价值的关注已经转移到业务上；然而，整体的组织结构仍然保持传统形式。因此，需要更多时间来完全转型企业。

与第一阶段相比，处于第二阶段的企业往往具备一定规模，拥有稳定的业务与收入。业务的进一步增长需求对高管团队的管理能力提出挑战，出于管理幅度的限制与业务发展的需求，企业会将人才获取、绩效管理等权力下放至中基层管理者。基于此，人力资源管理开始渗透业务层面，即通过权力的下沉与分散,让中基层管理者有机会根据业务和部门特点制定个性化的政策,进而为组织创造价值。

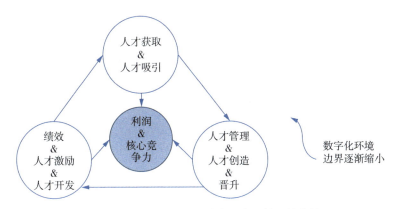

图 3.6　以准商业为导向的人力资源管理价值链

第三阶段:以业务为导向的人力资源管理价值链

在生态型组织中,企业必须最大化每位员工的价值,并为他们提供充足的发展机会。在这一阶段,企业专注于激励员工创造人力资本价值,并将这一价值贡献给业务运营。最终,企业将通过员工的成长实现可持续增长。海尔目前正处于这一阶段,人力资源管理是业务部门中的重要商业伙伴,业务单位被视为人力资源管理的客户,并提供建议以促进转型。人力资源管理全面理解业务,并可协助分析业务和人才发展方面的问题。在人工智能实施环境中,人力资源管理活动将涵盖企业运营的所有方面,人力资源数字平台整合的数据,包括员工行为和心理状态的数据,将进一步扩展。先进的技术基础设施将建立一个由不同参与者共同创造价值的生态系统。基于这些数据,人力资源部门可以使用人工智能工具为员工量身定制个性化的发展路径,并最大限度地培养他们的创造力,正如海尔所实施的那样。

在这一阶段,人力资源的最终用户是企业的员工,人力资源管理的终极目标是实现行业基准并实现指数级增长。企业绩效的指数级增长不仅依赖于组织效率,也依赖于每位员工充分发挥自己的价值。因此,人力资源管理价值链发生了结构性变化,如图 3.7 所示。第一个变化涉及人力资源管理功能的精细化。在人工智能工具的帮助下,各种人力资源管理功能可以被精细化,其目标是为员工提供充足的发展渠道和学习机会。更重要的是,人力资源管理结合人工智能工具,可以通过与业务部门的合作提供解决方案。第二个变化涉及人力资源管理活动的边界。人力资源管理通过使用人工智能工具收集员工数据,影响企业的所有方面。为了与整体组织变革保持一致,人力资源管理价值链已转变为一个灵活、高效和适应性的循环。在这个阶段,人力资源管理价值的有效性是通过其与业务的整合程度来衡量的。所有人力资源管理活动都是相互联系的,数字化转型的步伐迅速,以更好地与业务接轨。

人工智能工具与数据平台的建立使企业能够实现人力资源管理价值链第三阶段的转型,本阶段最大的特征在于对组织成员的个性化赋能。具体而言,由于业务成长需求、发展空间限制、个性化激励方式等诸多因素的制约,人力资源管理将为每位企业成员提供个性化服务,帮助成员创造价值,从而实现企业的进一步发展。

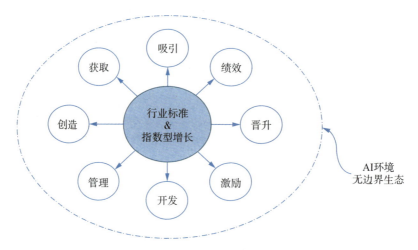

图3.7　以业务为导向的人力资源管理价值链

中国情景下的人力资源管理价值链模型

通过图 3.8 所示的中国情境下的人力资源管理价值链模型的三个阶段,我们发现了在所有阶段都显现的三个关键特征:感知水平、应用水平和转变速度。

感知水平

在企业人力资源管理中,价值的感知层面起着至关重要的作用。这是因为人力资源的价值通常是通过终端用户的眼睛来观察和评估的。不同阶段的终端用户对于构成价值的因素有着不同的看法和需求,这些看法和需求又反过来指导了人力资源的利用和管理方式。例如,在人力资源管理价值链模型的初始阶段,主要的终端用户是公司的高层管理人员。在这个阶段,管理层普遍认为,最大化员工的效用和效率是通过提供基本的人力资源管理功能来实现的。这些功能包括招聘、支付薪水、保留员工等,其核心目的在于提高整体工作效率并降低运营成本。这些以效率为中心的活动构成了公司的基础能力,有助于企业适应外部环境的变化,从而在激烈的市场竞争中获得稳固的立足点。随着组织经历战略转型,进入人力资源管理价值链的第二阶段,人力资源的功能开始更加聚焦于与业务的关键领域的整合。在这一阶段,管理层开始将人力资源管理的价值视为提供高效服务以增强员工与岗位间的匹配。为了实现这一点,人力资源管理的各个功能被紧密地联系在一起,形成了一个互相协作、共同促进的系统。在这个阶段,尽管组织在人力资源管理上的能力转变速度相对较慢,但这种缓慢主要是因为组织仍在努力巩固自身在市场上的位置,并在此基础上逐步推进战略转型。因此,我们认为价值感知水平不仅是公司发展背后的逻辑,也是推动组织在人力资源管理方面持续进步和变革的关键因素。随着组织不断成熟和发展,对人力资源价值的感知和需求也在不断变化,从而引导着人力资源管理策略和实践的演进。

应用水平

随着组织发展的不同阶段,数字技术的应用水平也呈现出不同的特点。在第一阶段,管理层普遍认为人力资源管理的核心价值在于提高效率。因此,人力资源管理在这一阶段更多地集中在生产和质量控制方面,而数字技术的应用主要局限于处理基础的人力资源管理功能。这种基本应用的技术层面反映出人力资源管理数字化的起始阶段。随着企业进入第二阶段,组织开始更广泛地应用数字化软件或工具,以提高人力资源流程的效率。管理层开始意识到,只有将人力资源管理与业务战略紧密结合,人力资源管理才能真正发挥其价值。因此,企业开始通过技术改造人力资源管理流程,以提升效率,实现更有效的业务协调,并进一步推动数字化转型。在这一阶段,数字技术不仅是工具,更成为推动企业战略实施的关键因素。进入到第三阶段,管理层更加认识到人力资源管理的价值源自其对业务的贡献。因此,所有技术都被用于为人力资源管理的业务方面创造价值。在这一阶段,整个人力资源管理系统的转型必须与组织的整体战略紧密相连。组织的运作类似于一个灵活的生态系统,其中层级结构被打破,以实现更大的灵活性和适应性。在技术应用方面,这要求所有人力资源功能无缝集成,以满足组织内所有成员的需求。在这个阶段,技术应用达到了最高水平,整个公司的数字化转型彻底改变了人力资源管理的价值创造过程。正因如此,在第三阶段,人力资源管理的价值链转变为一个循环系统,以更好地适应组织的数字化转型。这个循环系统不仅代表了技术在人力资源管理中的深入融合,也象征着人力资源管理从传统的支持功能转变为企业战略的核心驱动力。在这个阶段,人力资源管理通过技术实现了从传统的操作职能到战略伙伴的转变,从而在推动组织的整体数字化和创新过程中发挥着关键作用。

转变速度

随着企业发展的不同阶段,数字化转型的步伐逐渐加快,从而在人力资源管理方面带来了深刻的变革。如图3.8所示,在数字化转型的第一阶段,数字技术的应用主要集中于提高人力资源管理服务的效率,此时,技术的使用更多地局限于自动化基础任务和简化日常操作,而非重构人力资源管理的整体结构。因此,这一阶段的转型速度相对较慢,主要是因为技术的应用尚未触及组织的深层次结构和流程。在这一阶段,完全不具备或缺少大部分数智化转型所必需的核心能力,因此企业可以在数智化布局中先尝试企业文化、工作场景及内容重塑方面的数智化转型。当进入数字化转型的第二阶段,人力资源管理价值链的发展促使管理层更加重视技术在提供高效人力资源管理服务中的作用。这个阶段的关键在于将人力资源管理服务与公司的整体数字化战略相匹配。管理层开始利用技术来优化人力资源流程,如通过集成的系统实现数据管理和分析,从而使数字化转型的速度超过了第一阶段。这个阶段的转型不仅关注效率,还开始着眼于如何通过技术提升人力资源管理的战略价值。其实在这一阶段,企业会积极寻找数智化增长路径,但努力是孤立、随机和一次性的,或者会在某个业务或者管理领域进行数智化场景的浅层次应用。那么企业可以在数智化布局中着重培训、绩效、领导力、胜任力以及职业生涯规划方面的数智化转型。进入第三阶段,数字化转型的速度达到了顶峰。在这个阶段,人力资源管理不仅使用数字技术来处理日常业务,而且开始深入地重塑其在组织中的角色和功能。管理层越来越意识到,为了适应业务的快速发展和市场的变化,人力资源管理必须经历根本性的转变。因此,这个阶段的转型不只是技术的应用,更是对人力资源管理角色和价值观的彻底重塑。在这一阶段,企业掌握数智化技术驱动业务增长和管理转型方法,并加以复制,或者已经从公司整体层面将技术与业务进行结合驱动商业模式迭代创新。技术在这一阶段被广泛应用于促进战略决策、增强员工参与度和提升组织的整体适应性,以及公司治理。因此,第三阶段的转型不仅速度最快,而且深度和广度都远超之前的阶段,标志着人力资源管理在数字化道路上的深度演进和成熟。

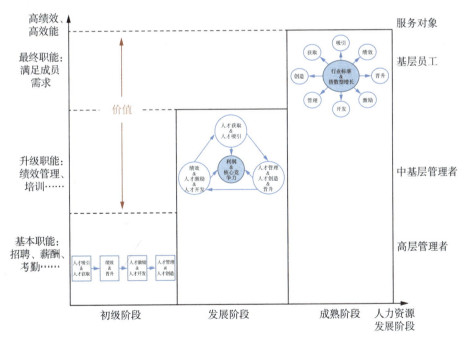

图 3.8 中国情境下的人力资源管理价值链模型的三个阶段

在数智化时代的背景下,人力资源管理价值链的转型是企业发展的关键一环。这个转型过程不仅仅涉及技术层面的更新,更触及人力资源管理的深层次改革。然而,无论是在技术层面还是人力资源管理层面,企业在这一转型过程中都将面临一系列挑战和困境,如图 3.9 所示。首先,从技术层面来看,企业在转型初期通常会遇到数据积累和技术开发的困难。这个阶段的企业如果没有将数智化战略纳入其长远规划,那么在后续建立数据中台和平台时,将遭遇重重阻碍。这不仅影响了企业的数据管理和利用能力,也限制了其在数智化道路上的进一步发展。此外,从人力资源管理的角度来看,初期阶段的企业可能还未能充分认识到人力资源转型的重要性,缺乏精确的岗位与员工画像,导致价值链上各功能间的依赖性和互动性不足。这种情况下,企业的人力资源管理效率低下,难以发挥其应有的价值。随着企业转型进入发展阶段,技术层面可能会面临数据集成的实时性和全面性问题,部分数据难以传输到中台及平台,限制了大数据模型或算法的即时搭建和数据分析能力。在人力资源管理方面,企业在此期间虽然开始关注未来发展,但常常遇到的问题包括当前岗位描述无法满足未来需求、组织结构不适应人力资源转型、人才画像数据缺乏实际应用场景,以及梯队建设瓶颈等问题。至于进入成熟阶段的企业,则可能会遇到技术上的新挑战,如产业生态互联的实现缓慢、物理资产向数字资产的全面转换未完成。同时,在人力资源管理领域,虽然价值链更加无边界化、自动化,基础功能价值最大化,对开发员工潜能的需求更为迫切,但管理者仍需深度洞察和提供组织结构支持,以充分利用数智化技术模拟人力资源管理的完整运营体系。目前,还缺乏相关的开源大模型来提供必要的技术支持。

图 3.9　人力资源管理价值链三个阶段的痛点与难点

　　总体来说,数智化时代下人力资源管理价值链的转型是一场复杂而充满挑战的旅程。它要求企业不仅在技术层面上不断突破,同时也需要在人力资源管理上进行深度的思考和创新。通过这样的双重转型,企业才能在数智化的浪潮中稳健前行,最终实现持续发展和竞争优势。

第四章

人力资本潜力与价值测度

数智时代人力资本现状

在数智时代,人力资本的现状揭示了一个充满复杂性和多样性的景观,这个景观既充满机遇也充斥着挑战。随着人工智能、大数据、云计算等前沿技术的飞速发展,我们正见证着工作方式、组织结构、技能需求的深刻变革。面对这些剧烈的变化,企业及其员工发现,适应这种快速变化的环境并非易事,这背后的原因既多样也复杂。据报道,随着中国数字产业规模的不断提升和产业数字化转型的加速,各行各业对数字化人才的需求日益增长。企业对数字化人才的争夺也越来越激烈,特别是对于具备复合技能的数字人才。数字化人才缺口不仅体现在技术领域,如编程、数据分析、人工智能等,还包括对数字化管理和运营能力的需求。这种复合型人才的缺乏,限制了许多企业在数字化转型过程中的进度和效果。

我们正见证着专业技能和知识的更新速度前所未有地加快。这种迅猛的变化不仅对个人的终身学习能力构成挑战,也考验着企业在人才培养策略和培训体系方面的适应性。当前,多数企业的培训体系尚未能及时跟进技术的快速进步,从而导致技能缺口的不断扩大。此外,教育体系与行业实际需求之间的不匹配加剧了这一困境,新入职的毕业生往往缺乏必要的实操能力和最新技术知识。面对数字技术的广泛应用,企业内的资深员工也面临着更新技能的需求。为了适应数字化转型,企业需对这部分员工进行培训和教育,以提升他们的数字技能。同时,这些员工丰富的经验和知识,如果与新技术相结合,可以创造出新的价值。

根据《光明日报》2023 年关于《加强数字化人才培养,促进数字化转型高质量发展》的报道,2021 年中国数字经济的规模达到了 45.5 亿元,占 GDP 的比重约 40%。数字产业直接贡献了 18.1%,而数字技术与其他产业的融合贡献超过了 80%,凸显了数字化转型在推动中国数字经济发展中的关键作用。随着这一转型进程的加深,对数字化人才的需求也在急剧增长,成为推动创新和企业转型升级的核心竞争力。尽管如此,数字化人才的短缺已经成为数字化转型面临的主要障碍。这主要体现在三个方面:企业领导层的数字化思维缺失、企业内部对新一代信息技术的知识和应用经验不足、缺乏有效的顶层设计。面对这些挑战,亟须培养三类关键人才:具有领导力和前瞻性的数字化管理人才,能够实现数字需求落地的应用人才,以及能够提供技术支持、推动技术转型和业务优化的技术人才。这三类人才是企业数字化转型不可或缺的支柱,共同推进企业数字化实践的有效落地。

图 4.1　宝马集团智慧工厂

在数智时代的巨浪中,宝马集团站在制造业前沿,勇敢地迎接数字化转型的挑战,将自动化机器人、物联网(IoT)、人工智能(AI)等尖端技术广泛融入其生产流程。这场变革不仅展示了技术创新的巨大可能性,更标志着对人力资本管理理念的根本重塑。

然而,技术的高度自动化和智能化给宝马带来了一系列挑战,尤其是在技能缺口方面。员工需要掌握一整套全新的技能,从操作先进机器人到运用物联网设备,再到实施人工智能技术。面对这些要求,宝马不只是在识别员工现有技能与新技术之间的差距,更是在积极设计和推行有效的培训计划,以补足这一技能空缺。

此外，数字化转型的影响远超技术层面，它触及了企业文化和员工心态的深处。面对新技术，员工可能会有所顾虑，担忧自动化和智能化技术可能对他们的职位安全构成威胁。因此，宝马在推进技术变革的同时，也在不懈努力培育一种积极的变革文化，激励员工拥抱并适应这些变化。

随着新技术的引入，宝马还面临着技术整合和数据管理的双重挑战，必须确保这些新技术能够与现有系统和流程无缝对接，同时，还需要有效管理和分析在生产过程中产生的海量数据，以提高生产效率和产品质量。这要求宝马在IT基础设施和数据分析能力上做出相应的投资。

安全性和隐私保护是数字化转型过程中另一个不容忽视的问题。随着物联网设备和人工智能技术在生产中的广泛应用，宝马必须确保生产系统的安全，防止任何形式的数据泄露和网络攻击，同时也需要关注员工隐私的法律和伦理问题，确保技术应用的合法性和道德性。

随之而来的是，尽管灵活的工作模式带来了前所未有的自由和灵活性，但它也引发了管理和沟通上的挑战。远程工作、弹性工时等新模式要求企业必须配备更高效的沟通工具和采用更加灵活的管理策略。但许多企业的管理体系还停留在传统的"996"工作模式上，缺乏高效管理分散团队的经验和策略，从而影响了项目管理和团队协作的效率。数据驱动的人力资源管理虽提高了决策的准确性，但同时也增加了对数据分析能力和技术的依赖。众多企业尚未建立成熟的数据分析框架，或缺乏处理大数据的专业人才，限制了它们在优化人力资源管理方面的能力，如员工绩效评价和人才招聘等。在追求多元化和包容性的过程中，虽然越来越多企业意识到构建多元化团队的重要性，但实际落实中却面临不少挑战。固有的偏见和歧视削弱了团队的凝聚力，限制了创新的潜能。实现真正包容性的工作环境需要时间，以及对文化和价值观的深度变革。对员工福祉和心理健康的重视日益增加，但将相关政策有效地落实并创造一个支持性的工作环境依然是一项挑战。许多企业还未能提供足够的资源或缺乏对员工福祉重要性的认识，未能有效地解决员工心理健康问题。

图 4.2 西门子中国首座数字化工厂

西门子工业自动化产品(成都)有限公司(SEWC)是一个高度自动化的工厂,模仿了其在德国安贝格的电子工厂建立而成。该工厂专门生产 SIMATIC 可编程逻辑控制器,其电脑控制系统监控和管理所有的开发和生产过程。SEWC 不仅采用了与安贝格工厂相同的技术,还是中国首个采用西门子数字企业平台产品建成的制造设施,所有流程均由 IT 系统控制,从开发和产品设计到制造和加工。

此外,SEWC 还采用了新一代的制造执行系统 MEMO(制造运营模块化生态系统),主要用于生产过程的设备集成、流程控制互锁、数据收集、订单执行、产品追溯等。MEMO 系统基于容器私有云平台和微服务架构构建,提供了基于 API 的互相访问,增强了开放性,并利用 MongoDB 的分布式文档模型数据库,提高了数据结构的灵活性和高可用性。MongoDB 的复制集架构保证了数据的高可用性,支持跨机架或数据中心部署,从而提供了更高级别的数据容灾能力。

SEWC不仅是西门子在中国的一个重要制造基地,也是一个展示高度数字化和自动化制造能力的典范。通过这种先进的生产方式,SEWC能够高效、灵活地满足市场需求,同时保证产品质量。

西门子工业自动化产品(成都)有限公司(SEWC)在人力资源方面与智慧工厂的结合,体现了对员工培训与技能发展的重视。通过全面的培训计划,西门子确保其员工掌握最新的技术,如数字孪生技术、自动化和物联网,帮助员工理解并有效管理工厂中实施的先进制造技术。通过建立跨职能团队,鼓励从不同领域如工程、IT和运营的专家协作创新,使员工能够紧密地与推动智慧工厂的技术合作。此外,西门子可能实施数字素养计划,确保所有员工,不论其角色如何,都对工厂使用的数字工具和平台有一个基本的理解。这包括对数据分析、网络安全和制造执行系统(MES)及企业资源规划(ERP)相关特定软件应用的培训。

随着自动化和数字技术承担更多常规任务,员工被释放出来专注于更复杂和创造性的工作。西门子支持角色适应和技能提升,帮助员工过渡到需要更高级技能的角色,如系统分析、高级机器人系统维护和数据驱动的决策制定。智慧工厂如SEWC可能通过提供实时数据和分析工具给员工,来赋予员工权力。这种赋权让工人能够快速做出知情决策,改进生产过程,并为持续改进计划做出贡献。

同时,将人类工人与先进的制造技术整合也涉及确保工作场所的安全和人体工程学。西门子以优先考虑工人安全著称,在智慧工厂环境中,这包括使用技术监测环境条件和人体工程学,从而减少受伤风险并提高整体工人福祉。最后,西门子促进创新工作环境,鼓励创造力和问题解决。通过整合先进技术并创建一个重视创新的文化,员工被激励去开发新的解决方案和对制造过程的改进。

与此同时,国际化的人才竞争加剧了人才流失的速度和招聘的难度。远程工作虽然为全球招聘提供了机会,但同时也意味着企业需要在全球范围内与竞争对手争夺顶尖人才,这对人力资源策略和品牌吸引力提出了更高的要求。最后,社会责任和可持续发展对企业人力资本战略的影响日益显著。员工和潜在人才越来越倾向于选择那些能够体现其价值观、对社会和环境有积极影响的企业,将这些理念融入企业运营和文化是一项长期且复杂的任务。

人力资本的定义

"人力资本"一词源于经济学领域,是指个人所拥有的技能、知识、经验等无形资产的总和。这些资产显著提升了个人的劳动生产力。简言之,人力资本是指个人的能力和素质,对其职场表现和贡献产生重大影响。经济学家如 Becker 和 Schultz 等,从个体角度对此概念进行深入研究。被誉为"人力资本之父"的 Schultz 认为,人力资本是个体作为生产者和消费者的能力集合。在他的理论基础上,学者们将人力资本定义为个体的能力,尤其是他们的知识、技能、能力和其他特征(KSAOs)。例如,Thurow 于 1970 年将人力资本定义为个人的生产技术、才能和知识的组合;Becker 将其视为个人的知识、信息、思想、技能和健康;而 Coff 和 Kryscynski 则将其定义为个人的知识、技能和能力。

KSAO 是一个用于描述和评估员工或求职者资质的术语,代表知识(Knowledge)、技能(Skills)、能力(Abilities)和其他特征(Other characteristics)四个方面。

1. 知识

知识是指个体对特定领域或任务所需信息和理论的掌握程度。这可能包括专业术语、程序、概念和原则。知识通常是通过教育、培训或长期的实践经验获得的。例如,一个会计师所需的知识可能包括会计原则、税法和财务报表的解读能力。在员工选择和发展过程中,确保员工具备完成工作所需的关键知识是至关重要的。知识的评估通常通过书面考试、面试中的专业问题或工作样本评估等方式进行。

2. 技能

技能是指个体以一定的熟练程度执行特定任务的能力。技能往往是通过实践和经验积累的,并且可以通过培训和练习得到提升。技能可以分为硬技能和软技能。硬技能通常是指具体的、可量化的技能,如编程、外语水平或机械操作能力。软技能则涉及人际交往、沟通、团队协作和解决问题等更为抽象的能力。在现代工作环境中,软技能的重要性日益凸显,因为它们对于团队合作、领导力和组织适应性都至关重要。

3. 能力

能力是指个体完成特定任务所需的身体和心理素质。这可能是天生的,也可能是通过长期训练和实践发展起来的。能力包括但不限于逻辑推理、判断力、物理耐力或协调性。在工作场所中,能力可能表现为处理复杂问题的能力、在压力下工作的能力或适应新环境的能力。能力的评估往往依赖于综合考察,包括心理测验、能力测试和工作模拟。

4. 其他特征

其他特征包括个性、态度、价值观、兴趣和动机等。这些特征可以大大影响个体的工作表现和职业发展。例如,积极的工作态度、对工作的热情、与公司文化的契合度以及对新挑战的适应性都是重要的职场特质。这些特征的评估通常通过面试、心理测评和推荐信等方式进行。了解一个人的动机和价值观对于确定他们是否适合特定的工作环境和公司文化至关重要。

在人力资源管理中,KSAO 模型不仅用于招聘和选拔过程,也是员工培训和发展计划的基础。通过准确评估职位所需的 KSAO,组织可以设计更有效的培训项目,帮助员工提升关键能力,从而提高整体的工作绩效和满意度。例如,如果某个职位需要强烈的团队合作能力(一种技能),那么组织可能会提供团队建设和沟通技巧的培训。

此外,KSAO 模型还有助于员工职业生涯规划。通过识别员工的强项和发展领域,HR 专业人员可以提供更加个性化的职业发展建议和机会。这不仅有助于员工的个人成长,也有助于组织培养和保留关键人才。在不断变化的工作环境中,组织需要不断评估和更新其 KSAO 要求。随着技术的进步和市场需求的变化,某些技能和知识可能变得更加重要,而其他的可能变得过时。因此,持续的 KSAO 评估和更新对于确保组织的竞争力和适应性至关重要。

在 Noe 等,以及 Schmitt 和 Chan 的研究中,知识被视为执行任务所必需的陈述性或程序性信息,构成技能发展的基础。技能是指个体执行特定任务的熟练度和能力,可以通过经验得到提升。能力则是更为持久的属性,适用于一系列与工作相关的任务。其他特征包括影响个人在广泛任务范围内表现的性格特质和相关性格特质。值得注意的是,人力资本是个人 KSAOs 中与经济成果相关的子集,因为 KSAO 资源本身并非固有价值,其与经济成果的关联性不尽相同。

经济学家普遍认同,通过教育、培训和健康改善等手段能够有效提升个体的人力资本。然而,进入数字化时代,对人力资本进行持续的升级和转型显得尤为关键。这涉及一系列多维度的提升,包括技能的更新升级、适应新兴的工作模式、获取跨学科的知识体系、提升数据分析的能力、增强个人适应性以及培养高度的道德责任感等。在这个数据驱动的时代,无论是哪个行业,对数据的理解和分析能力都至关重要。因此,随着人力资本研究的深入,越来越多的学者开始从团队和组织层面探讨人力资本,如 Ployhart 和 Moliterno 在 2011 年从团队角度指出,人力资本是由个体知识、技能、能力和其他特征(KSAOs)生成的单位级资源。Wright 和 McMahan 也于同年强调,单位层面的人力资本是个体人力资本总和,可以为单位创造价值。人力资本资源的定义强调的是产生结果的能力,而非 KSAOs 或资源本身。这些资源源于人力资本,但可以通过单位特征和目标实现的能力来区分。

此外,人力资本还可以分为一般人力资本和特定人力资本。前者指可以提升任何行业生产力的劳动技能,而后者则是只在特定企业中有效的技能。如认知能力、智力和个性等 KSAOs 具有广泛适用性,通常在成年期相对稳定,可视为一般资源,而与特定环境(如工作、职业或领域)紧密相关的知识和技能则更具可塑性,可被视为特定人力资本。工人更倾向于投资于一般人力资本,企业则更倾向于投资于特定人力资本。根据资源基础理论和战略理论,人力资本的特定性使其成为企业竞争优势的重要来源。然而,需要指出的是,KSAOs 资源本身并非有价值,其价值在于预测个人绩效、行为或结果的能力。例如,如果工作绩效的性质因环境变化而发生改变,资源与绩效之间的关系也可能随之改变。

人力资本潜力的定义

在过去的一个世纪里，人类对于潜力的理解经历了显著的变革。早期，在进化论和高尔顿(1869)的遗传理论的影响下，高潜力的人被普遍认为是先天决定的。这种观点认为天才或才华是天赋的，一个人的潜力主要由基因决定。例如，心理学家马斯洛在1968年曾提出，伟大的音乐家和数学家的才华更多是遗传而非后天习得的。然而，随着20世纪的发展，尽管"基因决定论"依旧流行，科学家们开始发现这一理论的局限性。研究人员在尝试实证地证明基因与智商、个性或精神疾病之间的直接联系时遇到了困难(Turkheimer，2011；Shakeshaft等，2015；Hibar等，2015)。Richardson在2002年的研究指出，高智商可能仅仅是沉浸在中产阶级文化工具(如识字、计算能力、文化知识等)中的一个偶然结果。这一发现表明，基因可能不直接决定个体的智力乃至潜力空间，个体所处的社会阶级对智力也会有显著影响。

自20世纪中叶以来，随着分子生物学和遗传学的飞速发展，研究者们开始深入探索基因与人类潜力的关系，特别是在理解智力、身体健康、心理特质以及行为倾向等方面。基因对这些特质的影响不再被看作单一或线性的关系，而是一个复杂的网络，涉及多个基因的交互作用以及基因与环境因素之间的动态对话。例如在智力领域，智力的遗传基础一直是人类心智能力遗传研究中的核心课题。研究表明智力是多基因和环境因素共同作用的结果。CHD1、FOXP2和IGF2R等基因已被关联到智力发展。然而，这些基因的效应往往是微小的，并且受到教育和社会经济状态等环境因素的显著影响。智力的遗传性估计值通常在50%～80%，但这并不意味着遗传因素是决定性的，因为环境因素也扮演了关键角色。

此外，对潜力的理解也从单一的生理或遗传因素，扩展到了心理和社会层面。心理学家们开始强调，潜力不仅仅是潜在的、未开发的能力，更是一种动态的过程，涉及个体的动机、情绪、意志力和自我认知等多个方面。这些心理因素对于潜力的激发和实现具有至关重要的作用。例如，自我效能感高的个体往往更有可能挑战自我，实现潜力的最大化。同时，社会环境也对潜力的发挥产生着深远影响。公平的教育机会、良好的工作环境、充足的社会支持等因素，都有助于个体潜力的发挥和成长。反之，社会不公、环境压力等因素则可能阻碍个体潜力的实现。

　　在过去的 20 年中，人们对个人潜力的看法发生了根本性的变化。在发展心理学领域，遗传决定论逐渐被一种新的观点所取代：个人潜力是在多个层面（包括遗传、神经学、行为和环境）上以概率性和双向的方式相互作用而形成的（Gottlieb，1998，2007）。关于人类潜力的传统观念强调的往往是特质层面，例如天赋、才能或智力水平，将人类潜力固定地解释为静态的和能力类的，忽视了一个人的学习和成长潜力。当前的研究拓宽了我们对人类潜力的看法，它不是一种固定的能力，而是一种可塑的、增量的能力。例如 Fotuhi 等在 2012 年的研究发现，海马体具有高度的神经可塑性，这种特性使得其在智力发展中可能呈现出多种不同的变化轨迹。因此，人类的潜力可以通过有意识地练习、教育、培训从根本上增强，而不是被基因构成所限制（Ericsson，2006）。根据 Richardson 在 2002 年的研究，即使是遗传潜力，也是在身体内外条件的引导下，通过更广泛的基因组调控形成的，这种基因组调控不仅嵌套于其他表现遗传和认知调控之中，而且在个体的整个生命过程中不断适应。这意味着，虽然遗传因素在个体潜力的形成中扮演重要角色，但环境因素、个人经历和行为选择也同样重要。Richardson 在 2018 年的研究中还指出，基因-环境相互作用是一个动态系统。在这个系统中，变化的环境通过广泛的信号网络在细胞形态和变异中发挥决定性作用，从而影响个体潜力的发展。这种观点强调了环境因素在个体发展中的重要性。根据 Dai 在 2017 年提出的"演化复杂性理论"，人才不是天生的，而是通过对环境挑战和机遇的自我组织响应动态塑造的。通过长期自我导向和专注的努力，可以塑造个人的认知和非认知能力，并增强个人的潜力。这一理论强调了个人努力在发展潜力中的重要作用，突破了传统的"天赋论"观点。在现代社会中，无论是个人还是企业，都需要认识到潜力的可塑性和动态性，并通过持续的学习和实践，不断地发掘和提升这些潜在能力。

　　由此可见，一个世纪的研究表明，对潜力的理解已经从单一的生理或遗传因素扩展到了心理和社会层面。我们认识到潜力是一个动态的过程，涉及多个因素的相互作用。总的来说，人力资本潜力既受到遗传因素的影响，也受到环境和后天努力的影响。在人力资源管理中，理解并充分利用这种动态的潜力概念，对于提升员工绩效、推动组织发展具有重要的意义。

塑造人力资本潜力的双重动力

遗传学与环境因素在决定个体潜力方面的关系可以通过一个生动的比喻来解释:如果遗传学决定了一粒种子能长成玫瑰,那么这些遗传因素并不会限制这朵玫瑰只能达到其潜在的美丽或大小。相反,这意味着这朵玫瑰的特征和潜力,如潜在的大小、颜色和适应力,是由基因预先设定的。这里,环境因素(如土壤质量、水分、阳光)在实现这种潜力中起到关键作用。一个得到充分养护的玫瑰可以达到其基因所赋予的全部潜力,变得像其基因所允许的那样美丽和健康。然而,如果环境条件差,即使遗传上具有成为美丽玫瑰的潜力,玫瑰也可能无法达到其全部潜力。

将这一比喻应用于人力资本,我们可以理解人力资本潜力中有一部分来自基因,基因在很大程度上影响了智力。例如,如果我们假设基因影响个人智力的80%,那么剩余的20%则包括环境因素和教育,这些因素决定了这种遗传潜力实际实现的程度。这并不意味着遗传限制了一个人只能实现其可能智力的80%,相反,这意味着无论他们的智力水平将是多少,大约80%受到他们基因的影响。换句话来说,当我们说一个人在智力上有80%的遗传影响时,并不是说达到"80%的限制"。这是说他们实现的任何智力水平的80%都是由于他们的基因构成。

环境与这个基因基础相互作用,以确定这种潜力实现的程度。本质上,一个人对智力有100%的潜力,遗传和环境相互作用,决定他们在这100%中的位置。环境因素不仅是对遗传潜力的增加,它们还帮助实现或限制它。可以这样想:遗传设定了舞台(80%),环境(20%)影响在该舞台上的表现,两者共同决定了智力的最终展现。

这种观点不仅适用于智力,也适用于其他诸如运动能力、艺术天赋、领导力等各方面的潜力。例如,一个孩子可能遗传了优秀的音乐天赋,但如果没有适当的音乐教育和环境刺激,他可能无法发挥出这种天赋。同样,一个在体育方面有潜力的孩子,如果没有适当的训练和营养支持,也可能无法达到其最佳体能状态。

此外,环境因素不仅指物理环境,还包括社会、文化和家庭环境。这些因素可能对个体的教育机会、心理健康、价值观形成和社会交往能力等方面产生深远的影响。例如，一个生长在鼓励创新和学术追求的家庭环境中的孩子，可能比生长在缺乏这些支持的环境中的孩子有更多的机会发展其智力和创造力。

因此，在考虑人力资本的发展时，我们必须认识到遗传和环境因素的重要性，以及它们是如何相互作用来塑造个体的潜力。在实际应用中，这意味着教育和培训计划应考虑到这些因素，以帮助个人实现他们的最大潜力。例如，教育者和雇主可以通过提供丰富的学习资源、鼓励探索和创新的环境以及个性化的指导和支持，来帮助个人发挥其遗传赋予的潜力。最终，这种对遗传和环境因素相互作用的理解，不仅对于教育和人力资源管理领域至关重要，也为理解个体差异和发展潜力提供了一个更为全面和深刻的视角。通过这种方式，我们可以更好地支持和培养个人的多样化天赋，从而为社会和经济发展做出更大的贡献。

根据剑桥词典的定义，人力资本潜力是"某人发展、实现或成功的能力"。这意味着某人可以实现目标，只是尚未实现。因此，我们倡导在工作环境中，将人力资本潜力界定为员工所固有的、尚未充分施展的职业能力和技能（详细定义见后文）。为了追求卓越的业绩水准，人力资源管理的核心使命在于，通过精心设计的人力资源策略，激发并优化员工的潜能，以达成组织目标。在笔者看来，对员工人力资本潜力的评估构成了战略性人力资源管理的中心要义。在商业、政治、技术环境的持续演变中，企业的发展受到了显著影响，这要求企业必须深思如何最有效地利用其人力资本，以发挥其最大的效能和价值。因此，对企业人力资本进行深入分析和精凿细琢显得尤为关键。正如前文所述，在人力资源管理的不断进化之中，企业内部环境也在经历持续的变迁。因此，作为企业核心资产的员工，亦需不断地适应这些变化，使得人力资本保持动态的转型与更新。

人力资本潜力与天赋的定义与区别

人力资本潜力是指个体在其一生中，通过积极发展和利用内在和外在资源，所能达到的最大成就和效能的总和。这不仅包括天生的天赋领域，也涵盖了个体通过后天努力获得的技能和能力。人力资本潜力的实现涉及"看不见的东西"——比如情绪智力、适应性、创造力、学习能力、坚持不懈的动机和积极的心态等。它是个体在面对生活和工作中的各种挑战时,综合运用这些内在优势和后天培养的能力来找到解决方案的能力。人力资本潜力的实现也依赖于个体的兴趣、动机及所处环境对其成长的支持和挑战。

　　人力资本天赋指的是个体在特定领域内天生具有的一种或多种内在优势,这些优势通常在个体还未经过显著训练或实践时就已经显现出来。这些优势可以是认知速度、特定技能的自然倾向(如音乐、数学、体育等)、创造性思维的易发性、社交与情感理解的先天灵敏度。天赋是个体潜在能力的基础组成部分,为个体提供了在某一领域快速学习和成长的自然优势。然而,天赋仅是个体实现其全面潜力的起点,而非终点。天赋是人力资本在特定领域内解决问题的自然起点,它决定了个体在哪些方面可能更容易展现出优异的表现。而人力资本潜力则是更为全面和动态的概念,它不仅包括了天赋的发挥,也包括了个体如何发展那些"看不见的东西",如情感智能、创新思维、学习适应能力等,以及如何通过持续的努力和成长来充分实现自己在生活和工作中面对各种问题的综合解决能力。人力资本潜力的实现是一个动态的过程,需要个体不断地探索自我、挑战自我,并利用各种资源和机会以达到其最大的可能性。

影响人力资本潜力的因素

在深入探讨影响人力资本潜力的因素时,我和我的研究团队认识到影响人力资本潜力的因素是一个复杂的互动系统,涉及个体认知因素、主体行为、家庭因素、学校教育、组织环境和社会环境等多个方面。如图4.3所示,这个系统决定了人力资本在成长过程中和工作表现上的潜力。

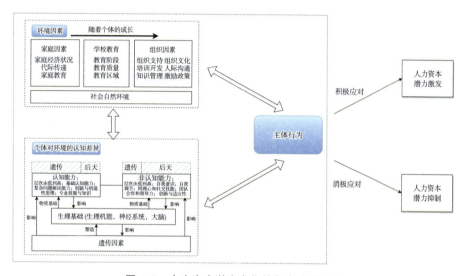

图 4.3　人力资本潜力变化的复杂动态系统

个体认知因素是人力资本潜力产生的基础。研究发现,个体认知因素又分为个体的遗传因素、生理基础以及认知能力和非认知能力,这四种因素体现在结构上是层层递进的三层结构,每一层因素都影响人力资本潜力,又通过互相影响综合作用于人力资本潜力。首先,遗传信息决定了人能够在生物意义上成为人,同时设定了个体潜力的基本阈值。进一步地,遗传信息塑造了人的一切生理基础。生理基础是人力资本潜力发挥的物质基础。以健康因素为例,如果个体的身体状况不佳,可能会导致工作效率低下,甚至无法完成工作任务。因此,个体运转良好的生理基础是提升其人力资本潜力的重要条件。其中,生理基础的变化同样能引起遗传因素的变化,在自然界中,那些具有优势特质的个体更有可能生存下来并繁衍后代。随着时间的推移,这些优势特质可能会成为新的遗传特征。接下来,生理基础也是个体认知能力和非认知能力的物质基础。生理机能运转不佳时,能力将无法得到充分发挥,而潜力也更无法得到有效激发。然后,遗传因素、生理基础和环境三方面因素协同作用,决定了个体能力的高低。对于个体能力来说,能力包含认知能力和非认知能力。认知能力,指人脑加工、存储和处理信息的能力,也可以表述为个体的智力和解决问题的能力,包括记忆力、逻辑运算能力、阅读理解能力等,它们直接影响个体在学习新技能、应对复杂问题时的效率。这些能力受遗传因素影响较大,但同样可通过后天的教育、训练和不断的实践得以发展和提升,从而使个体在职业生涯中更具竞争力。与认知能力同样重要的是非认知能力,也被称为非智力能力,是指除了智力以外的那些对个人成功和幸福至关重要的一组能力。这些能力包括情绪智力、动机、需求、幸福感、心理资本和社交技能等方面,主要由后天所培养。这些"软技能"在职业成功中扮演着关键角色,特别是在管理职位和需要团队合作的工作环境中。例如,高度的情绪智力使个体能够更好地理解和管理自己和他人的情绪,而高心理资本则帮助个体在面对挑战和困境时保持韧性和积极态度。相应地,人的认知能力和非认知能力也可以影响个体的生理基础。例如,面对压力时,认知能力高的个体能够有效地找到压力应对策略,非认知能力高的个体能够保持积极的心态,这两种能力都能提高压力应对能力,从而避免压力导致的生理机能紊乱,如免疫系统功能下降、心血管疾病等。

此外,人力资本潜力还受环境的影响。结合个体成长的时间线来看,环境因素依次表现为家庭因素、学校教育、组织因素和宏观社会环境因素(包含个体生活的物理环境)四个维度。首先是家庭因素(侧重于原生家庭),包括家庭背景、父母的教育水平、职业状态和家庭文化,对个体的价值观、行为模式和职业选择产生着深远的影响。一个充满支持且资源丰富的家庭环境,能够为成员提供众多的学习机遇与职业规划指导,从而显著促进其人力资本的增长。待个体成立自己的家庭后,家庭因素又将以新的形式继续对其人力资本潜力产生影响,如工作与家庭平衡的问题就对人力资本潜力的发挥产生了新的挑战。紧接着,学校教育作为个体发展的第二个关键阶段,对于人力资本潜力的塑造具有关键作用。在这里,个体开始接受系统的知识教育和技能培训,同时也在与同龄人的互动中逐渐形成自己的社交技能和人格特质。学校教育的质量、教育阶段、教学内容和方法、教师的专业素养,以及个体在学校中的学习和参与程度,都会对其人力资本潜力产生深远影响。然后,在组织层面,诸如组织支持、组织文化、人际沟通以及激励政策等环境因素,对于个人的工作满足度、职业生涯发展及工作表现都具有深远影响。一个具有积极、支持性的组织环境可以激励员工发挥其最大潜力,而一个负面的工作环境可能抑制员工的创造性和生产力。组织内部的培训和发展机会以及职业成长的途径,都是影响员工人力资本潜力的关键因素。最后,从个体一生来看,个体所处的宏观环境因素,包括经济发展状况、政治制度、社会文化、科技进步和自然环境状况等,对人力资本潜力的发挥也有着重要的影响。宏观环境不仅为个体提供了生活和工作的基础条件,而且通过塑造个体的价值观、生活方式和职业发展路径,进一步影响其人力资本潜力的发挥。例如,在经济繁荣时期,个体可能拥有更多的职业发展机会和提升空间,而在社会变革时期,个体则需要具备更高的适应能力和创新能力,以应对不断变化的环境。

在深入探讨人力资本潜力的成因时,社会认知理论的三元交互决定论为我们提供了一个全面而深刻的分析框架(Bandura 等,1977)。结合三元交互决定论,我们可以看到人力资本潜力的形成是一个动态的、相互作用的过程,涉及主体(P)、行为(B)、环境(E)三个核心要素。在这个模型中,个体的遗传特征、生理基础及认知和非认知能力构成了主体(P)的内部因素,这些因素影响着个体的行为和对环境的感知与反应。遗传和生理基础为个体提供了一种先天的倾向,这些倾向可以影响个体对知识和技能的学习能力,以及对特定环境的适应性,即个体的认知能力和非认知能力。然而,正如表观遗传学所揭示的,这些遗传倾向并非固定不变,而是可以通过环境因素的相互作用而发生改变。行为(B)在这个模型中是指个体的具体行动和反应,这些行为是个体对内部因素和外部环境刺激的直接响应。例如,个体可能会因为自我效能感的提高而采取更加积极的学习和工作行为,或者因为面对资源损失的威胁而表现出消极的应对策略。环境因素(E),包括家庭背景、教育机会、社会文化、经济条件和工作环境等,为个体提供了发展其潜力的外部条件,同时也可能施加压力和限制,影响个体的潜能发挥。环境因素与个体的行为和主体特性相互作用,共同影响着人力资本潜力的形成和发展。例如,一个支持性和资源丰富的环境可以激发个体的潜力,而一个充满压力和挑战的环境可能会导致潜力的抑制。

综上所述,影响人力资本潜力的因素是一个复杂的互动系统,涉及个体认知因素、主体行为、家庭因素、学校教育、组织环境和宏观环境等多个方面。在这个互动系统中,各个因素之间相互关联、相互影响,共同作用于个体的人力资本潜力。具体而言,个体的遗传特质和生理基础为人力资本潜力的发挥提供了物质基础和前提条件,并且和外部的各个环境因素共同塑造了个体的认知能力和非认知能力,最终由个体对外部环境的积极或消极反应决定人力资本潜力的发挥。

值得注意的是,这个互动系统并不是静态的,而是随着个体成长和环境变化而不断动态演变的。在不同的成长阶段和环境中,各个因素的影响力和作用方式也会发生变化。因此,我们需要对人力资本潜力的影响因素进行全面的分析和研究,以便更好地了解其作用机制和影响路径,为个体的人力资本开发和管理提供有效的指导和支持。在下文中,我们将在个体认知因素和环境因素两个大类下具体探讨每一个影响因素。

遗传因素

遗传因素对人力资本潜力的影响是一个复杂且多维的话题,它涉及个体的生理、认知能力、非认知能力和行为倾向等多个方面。随着分子生物学和遗传学的飞速发展,科学家们开始揭示遗传因素如何塑造我们的身体和心理特征,进而影响人力资本的形成和发展。

首先,遗传因素塑造人的生理机能,如身高、体重、免疫系统、神经系统等。研究发现,遗传因素对于许多疾病的易感性有着重要影响。例如,心血管疾病、糖尿病和癌症等慢性疾病都有一定的遗传倾向。单核苷酸多态性(SNPs)、拷贝数变异(CNVs)和线粒体 DNA 等遗传标记已被用于识别这些疾病的风险。此外,遗传因素还可能影响个体的体能表现如力量、耐力和速度等。例如,ACTN3 基因的变异与短跑性能有关,而 VDR 基因的变异则可能影响个体的骨骼密度和肌肉质量。尽管如此,维持身体健康同样依赖于生活方式的选择,如饮食、运动和避免有害物质的暴露。

其次,遗传因素影响个体的认知能力,包括智力、语言能力、注意力、记忆、空间能力和推理能力等。作为认知能力的核心,智力的遗传基础主要包括基因对大脑结构和功能的调控。特定的基因变异可能会影响神经递质的合成、释放和再吸收,从而改变神经元之间的通信效率,使个体智力水平表现出较大的差异。此外,遗传研究还揭示了众多与认知能力相关的基因位点。例如,APOE 基因与记忆和学习能力有关,而 DRD2 基因则与注意力和冲动控制相关。FOXP2 基因被认为与语言能力密切相关,而 COMT 基因的变异则可能影响个体的注意力和执行功能。值得注意的是,遗传因素还可能影响个体的想象力和联想能力,这些能力都是创造力的重要组成部分,也是人力资本认知能力的更高一级形态。如,DAO 基因和 COMT 基因的变异被发现与创造力有关。还有,音乐、绘画等艺术才华在一定程度上也可能受到遗传的影响。

再次,遗传因素还影响个体的非认知能力,例如心理健康和情绪智力。研究发现,心理健康问题如抑郁症、焦虑症等具有一定的遗传倾向,一些基因变异可能会影响大脑中神经递质的平衡,从而增加个体患心理健康问题的风险。例如,5-HTTLPR 基因多态性与抑郁症的易感性有关,而 BDNF 基因的变异则可能影响个体对压力的反应。而且多巴胺和血清素系统的基因变异与情绪相关。这些遗传因素为个体在社交和情感层面上的表现提供了基础,但同样需要环境刺激来进一步调节,如早期生活经历、社会支持和教育。

最后,在行为倾向方面,例如成瘾、攻击性和社交偏好,遗传因素同样发挥作用。例如,DRD4 基因的 7R 等位基因与冒险行为和注意力缺陷多动障碍(ADHD)有关。在社会交往方面,遗传因素还可能影响个体的同理心、信任感和合作精神等,这些品质都是良好人际关系的基础。例如,OXTR 基因和 CD38 基因的变异与人际关系有关。但是,这些行为的形成也受到文化、教育和家庭环境的综合影响。

尽管基因对人类潜力有着深远的影响,但现代研究强调了基因与环境之间的相互作用。表观遗传学的发现揭示了环境因素如何通过改变基因表达而影响性状,而不是通过改变基因序列本身。这意味着即使遗传因素在某种程度上设定了潜能的框架,环境因素仍然可以在这个框架内塑造个体的发展轨迹。

综上所述,遗传因素在人力资本潜力的影响方面是多方面的,它们与个体的生理、认知能力、非认知能力和行为倾向等都有关联。然而,遗传并不是决定性因素,环境因素如教育、家庭背景、社交圈子等也对个体的成长起到至关重要的作用。因此,我们不能简单地将人力资本潜力的差异归咎于遗传因素,而应关注如何通过改善环境条件来最大限度地发挥每个个体的潜力。

生理基础

虽然目前学者们对"基因决定潜力"这一论断尚没有一致的看法,但遗传基因对于生理基础的塑造作用是显而易见的。生理基础作为人力资本潜力的一个关键前因,对于个体的整体发展有着不可忽视的影响。

生理基础是人一切心理活动和行为的物质基础。基于生理基础的潜力,主要包括生理机能、神经系统和大脑引发的潜力三方面。首先,面对外部环境或内部环境受到扰乱或破坏时,个体的生理机能(荷尔蒙、血糖、体温、盐度平衡等)具有维持机体基本平衡的作用。当环境变化剧烈,超出机体的正常承受范围时,生理机能将会充分运转,从而让身体远离危机或逃离危险,在危机与压力之下人的生理潜力可能会迸发。而疾病、年老或其他稳态调节的缺失在一定程度上造成了生理机能的停摆，这可能抑制生理潜力的发挥。然后，神经系统是机体内起主导作用的系统，它在维持机体内环境稳态、保持机体完整统一性及其与外环境的协调平衡中起着主导作用。Richardson 在 2018 年研究进一步发现，神经系统对潜力的影响表现在对信息的处理和反应速度、认知灵活性、创造力和决策力等方面。最后，大脑是神经系统的核心，它是人的一切生理和心理活动的生理基础。May 在 2011 年的研究中发现，新鲜的体验、习得新的技能、环境的变化是大脑功能的调节器，使大脑结构亦呈现相应的规范性变化。以学者综合征(Savant-Syndrome)为例，无论是先天性的还是后天的，都提供了令人信服的证据，证明大脑具有显著的可塑性(Treffert，2009)，可以引发巨大的潜力。因此，虽然人的潜力受遗传因素影响，但不是仅由基因决定，还受环境和人的后天努力的影响。

特别地，专家作为人力资本潜力发挥集大成者的一个典型代表，其生理基础有助于解释对其个体潜力发挥的影响。例如在神经科学领域，有学者提出，当个体的人力资本发展到专家级别时，可以通过神经科学的框架来理解为什么专家级别的人力资本如此重要，特别是在感知、认知和运动方面。在感知方面，专家在如放射学、艺术鉴赏及观鸟等领域，会发展出辨别微妙细节和细微差别的高阶能力。这种能力通常与大脑负责视觉处理和注意力的区域变化有关。在认知方面，例如国际象棋、数学或编程等深入知识和理解的领域中，认知专家拥有广泛的知识基础，并能有效地应用这些知识解决问题。他们能快速从记忆中获取相关信息，并利用这些信息做出明智的决策。这种专业技能与大脑中增强的记忆功能和支持复杂认知处理的高效神经网络有关。在运动方面，如体育、舞蹈或音乐表演等需要精细运动技能和协调性的活动中，专家通过广泛的练习，发展出高度精练和自动化的运动技能。这种类型的专长涉及大脑控制运动区域的变化，如运动皮层，以及肌肉记忆和协调能力的提高。他们在各个领域中展现出的卓越表现，正是人力资本潜力得到充分发挥的生动体现。遗传因素为个体的潜力提供了基础，使得某些个体在某些领域具有天生的优势。然而，这并不意味着他们就能自然而然地成为专家。相反，只有在持续的学习和实践过程中，才能继续塑造他们的生理基础，为潜力得到充分发挥提供条件。

认知能力

能力构成了"新人力资本"理念的核心要素，个体在人力资本潜力上的差异主要表现为能力上的异质性。这些能力既包括认知能力,也涵盖了非认知能力。其中,认知能力作为影响个人潜力的一个重要因素,其发展和形成受到遗传因素的显著影响。例如,智商(IQ)通常在 10 岁之后变化不大,这表明认知能力在早期阶段相对固定。认知能力不仅影响个体获取高级培训和高等教育的可能性,而且对其进一步发展潜力的机会也起着决定性作用。生命周期的新经济学提出,童年是一个多阶段的过程,早期的投资会影响后来的投资。技能产生技能,投资具有很强的技能乘数效应。Cunha 等在 2006 年的研究中发现,早期对认知能力的投资可以通过自我生产力产生高回报,使后期的学习过程更加高效。这种早期投资对认知能力的影响表明,在个体发展的早期阶段,适当的教育和环境刺激对于潜能的开发至关重要。

为了进一步研究个人潜力形成的动态机制,Dai 在 2020 年基于人才发展的演化复杂性理论(Evolving Complexity Theory,ECT)提出了一个分析框架。这个框架用于识别从最简单到更复杂的四种潜力来源:天赋与性格、特征适应、自我/未来的构建和社会文化调解。天赋和性格是个人潜力的最基本来源,涵盖体型、记忆力、绝对音感、对经验的开放性等维度。这些内生因素促进了个体发展的变化,是潜力的先天基础。特征适应则揭示了个体在人-情境互动中的系统性差异。它可以被视为对环境机会和挑战的一致模式或能力、兴趣、自我概念、偏好和人格特征的自我组织(Ackerman,2003;Lubinski,2004),属于人力资本的非认知能力。在自我/未来的构建层面上,个人潜力主要来源于个人对特定工作领域的努力和承诺,涉及认知和非认知能力的使用。社会文化调解层面则通过其资源、工具、支持和协同作用来唤起人类的需求和目标,增强人类在环境中的适应性努力,从而促进个人潜力的实现。这一层面强调了文化和社会背景在个体潜力发展中的重要作用。同时,认知能力按照复杂度和应用范围由单到多、由浅至深可以分为四个层次。首先,基础认知能力包括记忆力、注意力、语言理解和基本逻辑推理,它们构成了复杂认知任务的基石。其次,复杂问题解决能力涉及分析问题、生成解决方案和实施决策,这需要较高的信息整合和抽象思维能力。再次创新思维要求个体对现有知识有深入理解,并能适应新情境,创造性地思考和生成新颖想法。最后,专业技能和知识则是特定领域或行业的专业知识和技能,通常需要通过教育和实践经验来积累。这些认知能力层次相互关联,逐层递进,共同支撑着个体的认知发展和专业成长。

由此可见,个体的人力资本潜力发展不仅植根于遗传所赋予的认知与非认知能力,更取决于其与特定任务和社会环境的持续互动。这些认知能力、非认知技能以及环境因素共同作用,塑造了一个人的成长轨迹和能力展现。这一洞见强调了教育和环境因素在个体早期发展中的重要性,同时也凸显了个人后续通过努力和在与社会文化环境的互动中实现自我潜能的可能性。这种多维交互的视角为我们提供了一个更为深入的理解人力资本潜力的框架,并指导我们如何策略性地促进个体能力的最大化。

非认知能力

非认知能力主要包括员工的情绪智力、动机、需求、幸福感、心理资本和社交技能等人格特质,受遗传因素影响相对较小,主要由个体后天努力、所受教育和环境所培养。这些特质对于人力资本潜力发挥至关重要,有时甚至超过认知能力的作用。首先是情绪智力,即个体识别、使用、理解和管理自己和他人情感的能力。高情绪智力的个体往往能够更好地理解他人的需求和感受,增强沟通和协作能力,从而在职场和生活中更能发挥出潜力。

其次,从员工动机的角度来看,动机涉及能量、方向、持久性和均衡性——激活和意图的所有方面,是生物、认知和社会调节的核心。动机是推动员工向目标努力的内在力量,著名的自我决定理论专家 Ryan 和 Deci(2000)认为,内在动机是寻求新奇和挑战的内在倾向,也是扩展和锻炼个人能力的内在倾向,反映了人性的积极潜力。此外,人类的需求也被认为是个人潜力形成机制的一个元素。自我决定理论提出了三个基本的心理需求——自主性、能力和相关性,并从理论上认为,这些需求的满足对于心理成长(如内在动机)、完整性(如文化习俗的内化和同化)和幸福感(如生活满意度和心理健康)至关重要。自主性反映了个体对其行为的控制感,能力则涉及个体在活动中体验到的效能感,相关性则体现了个体与他人建立联系的需求。Ryan 在 2000 年的研究中发现,支持自主性、能力和相关性的环境比阻碍这些需求的满足的环境更能促进人类成长趋势的表达。组织的激励政策,通过正面强化,奖励与组织目标一致的行为,为员工提供外部力量,进一步增强这些行为。

再次,从幸福感的角度来看,幸福感围绕着两种截然不同的哲学。第一种被称为享乐主义,它认为幸福感由快乐或幸福组成。第二种观点认为幸福不仅是由快乐组成的,而是在于人的潜力的实现。这种观点被称为幸福主义,它传达了一种信念,即幸福包括实现一个人的理想或真实本性。因此对于幸福的追求驱动,即人为了实现潜力后的幸福感,会促进人们挖掘潜力。值得注意的是,享乐主义和幸福主义提供了理解幸福感的两种视角,前者侧重于短期的快乐和满足感,而后者则强调实现个人潜力和长期目标的重要性。Lyubomirsky 和 Ross 在 1999 年的研究中也表明,与主观幸福感低的个体相比,主观幸福感高的个体倾向于从更积极的角度看待事件和情境,并且主观幸福感高的人可能具有更自我增强的归因风格,这更有利于发展自我潜力。

最后,心理资本体现为员工在自身成长过程中所表现出的一种积极心理状态,是超越人力资本、社会资本的一种核心心理要素。Luthans 和 Youssef (2004)认为这种资本主要由四个关键的心理特质构成,包括自信的自我效能感、积极向上的乐观态度、面向未来的希望以及逆境中的韧性。这些要素能够促进个体面对逆境时提高适应性和恢复力,支持个体在职业生涯中的持续成长和成功。同时,作为核心的积极心理能力,心理资本是创新绩效增长的基本动因。Luthans 等人在 2008 年的研究中提出,员工心理资本与员工绩效、满意度和承诺呈正相关,也与组织支持性氛围有关。

此外,非认知技能可以根据其在不同情境下的稳定性和可塑性被分为多个维度。例如,根据大五人格模型,非认知技能可以被细分为开放性、责任心、外向性、宜人性和神经质。进一步地,非认知能力,作为个体适应环境、实现目标并取得成功的关键因素,可以从基础到复杂、从个体内在的自我到与他人的互动、再到与外部环境的适应进行层级性划分。第一层,自我意识层级作为个体发展的基石,涉及对自身情绪、想法和内在动机的认识,与神经质人格维度相对应,其中低神经质的个体通常情绪更稳定,更有效地管理情绪反应,从而促进自我意识的提升。第二层,自我调节层级包括对自己情绪和行为的控制,与责任心人格维度相关,高责任心的个体展现出良好的自我控制和自我管理能力,有效地实现目标导向的行为。第三层,同理心和社交技能层级涉及个体对他人情绪的感知和理解,以及建立人际关系的能力,与宜人性人格维度相关,高宜人性的个体更具有同理心,擅长社交交流和建立和谐的人际关系。第四层,团队合作与领导力层级关注个体在团队中的协作和领导能力,与外向性人格维度相关,外向性高的个体在团队中扮演积极角色,展现出较强的社交能力和领导潜力。第五层,创新和适应性层级强调个体适应新环境、学习新知识和创新的能力,与开放性人格维度相对应,开放性高的个体愿意接受新想法和经验,具备探索未知和创新的特质。这种层级分类有助于深化对非认知能力多维结构的理解,并为教育和劳动市场的政策制定提供了理论基础,针对性地培养这些能力可以促进个体的全面发展,提高其在教育和劳动市场中的竞争力。

综合来看,非认知能力的广泛范畴涵盖了个体在职业和个人生活中的各个方面,从内在的心理需求到面对外部挑战时的适应性和恢复力,再到与他人建立有效互动的社交技能。这些能力共同构成了个体实现其人力资本潜力的基础,影响着个体的成长轨迹和成功。因此,理解并培养这些非认知能力,对于个人发展、组织管理和社会进步都具有重要的意义。通过提供支持性的环境、积极的激励政策和持续的个人发展机会,可以有效地激发和提升个体的非认知能力,从而促进人力资本的整体增长和发展。因此,在个体层面上,我们可以构建以下人力资本潜力的前因框架(见图 4.4)。遗传因素和生理基础为个体能力提供物质基础。同时,人力资本在与人类环境互动中,在认知能力和非认知能力上显示出明显的差异,并最终在特定情境中展现出不同的潜力。

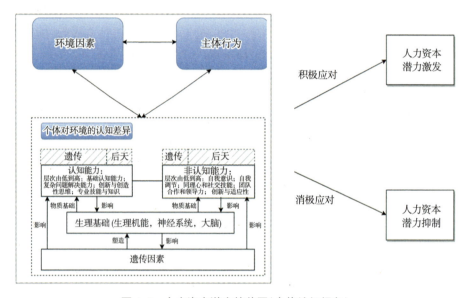

图 4.4　人力资本潜力的前因(个体认知视角)

家庭因素

　　家庭教育在个体早期发展中扮演着至关重要的角色,对人力资本的潜在发展具有深远的影响。首先,家庭环境对儿童的认知能力培养至关重要。Cunha等(2006)强调了早期干预在家庭环境中的作用,指出通过亲子互动,如阅读和数学游戏,可以刺激儿童大脑的发展,为其未来的学术成就奠定坚实的基础。此外,家庭教育在非认知能力的发展上同样具有不可忽视的作用。Heckman和 Kautz(2012)的研究表明,家庭教育通过培养孩子的自律性、毅力和社交能力等非认知能力,对人力资本潜力开发有着重要的影响。而在2003年的研究中,Carneiro等展示了家庭环境和母亲能力对孩子能力差异的重要作用,他们发现,当控制了这两个变量时,孩子之间的能力差异也基本消除。

家庭的经济状况也是一个不可忽视的因素。幸福感研究专家Ryff等通过心理幸福感(PWB)的测量进一步证实,社会经济地位与自我接受、目标设定、掌控感和个人成长等维度紧密相关。在社会比较的过程中,经济条件较差的个体往往不利地与他人比较,感到无法调整感知到的不平等,从而抑制了他们的个人成长和潜力的发挥。

此外,家庭的经济状况对儿童的大脑发展具有深刻的影响,这一点在Noble等2015年的研究中得到了证实。Noble等利用核磁共振成像(NMRI)技术对1 099名儿童的大脑结构进行了细致的扫描分析。研究结果显示,那些来自年收入不足25 000美元家庭的儿童,与年收入超过150 000美元家庭的儿童相比,其大脑皮层的体积平均少了超过6%。特别是对于那些生活在贫困线上挣扎的儿童来说,这个差距甚至可能达到惊人的10%。这种在大脑发育上的差异直接影响了儿童在阅读理解、逻辑思维和自我控制等关键能力上的表现,从而限制了他们人力资本潜力的实现。

以上发现可以通过代际传递理论进行解释,该理论讨论了父母的能力、特征、行为、思想和发展结果如何被传递给他们的子女。特别地,代际传递的贫困不仅仅是经济状况的传递,也包括了认知和非认知能力的传递。Dohmen等在2012年的研究中发现,父母可以将他们的风险规避和信任等个性特质传递给他们的孩子,而Gauly在2017年的研究则揭示了耐心、冲动和互惠倾向也存在于父母与子女之间的代际传递。

这些研究表明,家庭教育、经济状况和家庭的代际传递在孩子的认知和非认知能力发展中起着至关重要的作用。这些因素不仅影响孩子的早期发展,还会对他们的长期人力资本潜力产生深远的影响。因此,为了打破家庭的负面代际传递,提高社会整体的人力资本潜力,需要从政策和社会层面入手,为所有儿童提供平等的教育机会,改善他们的生活条件,并通过各种支持措施帮助家庭克服经济和社会障碍。这不仅包括提供财政援助和教育资源,还包括促进积极的家庭教育环境,以及增强父母的认知和非认知能力,从而为下一代的成功奠定坚实的基础。

教育因素

除了认知和非认知因素,Chernyshova 在 2015 年的研究中强调了教育在人力资本形成和发展中的关键作用。她强调,教育对于人力资本的累积和激发个人潜能的可能性起着关键作用。个体的正规学校教育一般从小学开始,小学及初中时期是个体认知能力和非认知能力形成的关键时期,初期学校教育对个体能力的形成至关重要。

人的能力发展是一个分阶段进行的过程,每个发展阶段都对应于生命历程中的某个具体时间段。早期经历在塑造认知和社交技能、大脑结构以及神经化学方面具有独特且深远的影响。未成熟大脑的发展既受遗传因素的影响,也受经验的塑造。特别是在基础技能和行为模式的初步形成期间,早期经验的作用尤为重要。例如,儿童在 12 岁之前学习外语更易于掌握语法和句法,且更容易避免口音的形成。Hopkins 和 Bracht 在 1975 年的研究中提出,与非口语智商相比,口语智商得分在学龄期表现出更高的稳定性。

随着大脑的成熟,经验继续塑造认知、情感和社会能力的神经生物学和行为表现,反过来,促进成人能力的后续发展,包括那些影响工作场所表现的能力。因此,早期教育投资对成人认知能力的发展极为重要。缺乏早期教育的个体可能会在认知发展方面受到损害,从而降低其人力资本的潜力。Rutter 和 O'Connor 在 2004 年的研究专注于跟踪罗马尼亚孤儿院里的孩子,这些孩子处于极度社会隔离和情感孤立的不良环境中。研究结果表明,孩子被领养的时间越晚,他们在以后的认知能力表现就越不佳。

许多公共职业培训项目和成人读写教育项目旨在补偿早期教育的不足和情感忽视,但这些计划对于大多数参与者来说效益有限。因此,教育补救策略应更加关注非认知能力的培养。动机、自律和时间偏好等非认知技能随着前额叶皮层的发展而成熟,并受环境影响,这些技能在个体后期的生命周期中更容易被塑造。Cunha 等在 2010 年的研究发现,针对弱势儿童的成功青少年补救策略应侧重于非认知能力的培养,通过提高这些能力可以显著改善个人成年期的社会经济表现。

此外,教育质量和教育区域也是影响人力资本潜力的重要因素,它们各自在不同方面发挥作用。教育质量反映了教学水平、课程内容、教师素质以及学校设施等多个维度的标准和实际表现,高水平的教育能有效提升个体的认知及非认知技能,从而增加其劳动生产力和收入潜力。Hanushek 和 Woessmann

的研究(2012)强调了教师质量在学生学业成就中的核心作用,并指出优秀的教育体系能够推动更强劲的经济增长。

另一方面,教育区域的概念囊括了教育资源的地理分布、地方经济状况及政策环境等因素。资源分布的不均衡可能导致社会不公正现象的加剧,影响社会的稳定与可持续发展。例如,Checchi 和 Daniele(2004)指出,教育区域的经济发展与教育投资及教育质量之间存在正向关系,而这种差异又加剧了地区间的经济不平等。García 等在 2017 年的研究中揭示了贫困地区学生相较于富裕地区学生接受的教育质量普遍较低,这种差异直接影响了人力资本的地域差异。由此可见,教育区域的差异不仅关系到教育资源的获取,也关乎人力资本的整体发展。

由此可见,教育在塑造和增进人力资本方面扮演了核心角色,其影响涵盖教育的各个阶段、教育质量以及教育的地域分布。这些因素共同促进了认知能力和非认知能力的成长。早期教育对个体未来的学习成效和职业表现具有深远影响,而在教育的后期阶段对非认知能力的投资则为个体在多变的社会环境中取得成功奠定了基础。此外,教育质量的提升和教育资源在不同地区的均衡分配,对于培养和开发个体能力至关重要。当然,随着数智技术的不断发展,教育中还囊括了对于数智技术的学习以及使用。这不仅是划分常规性与非常规性学习方法的手段、是提高人力资本潜力的关键,还是实现社会经济均衡发展的重要手段。例如,个人可以通过使用数智化的技术帮助自己归纳及总结大量的知识,并用更多的空余时间去创作,提升自己的创新绩效。因此,实施全面的教育策略,尤其是那些能够同时促进认知和非认知能力发展的策略,对于充分发挥个体潜力和增强整体人力资本具有不可替代的重要性。

组织环境因素

组织环境在塑造和提升人力资本潜力方面同样扮演着至关重要的角色。如 Ivanova 等在 2023 年所提出的,企业人力潜力的形成是一个多维度的过程,不仅涉及企业的基本人力资源潜力,还包括员工心理活动过程、企业人力潜力形成系统、企业人力潜力形成系统的创造和运作的组织的过程。同时,为了充分挖掘人力资本的潜力,企业需要建立一个全面的、有效运作的人力资本发展系统。这个系统应包括培训系统、新知识控制与检测系统、问题解决系统、人际沟通系统、信息流系统和知识展示的激励系统。具体来说,一个高效的培训系统能够帮助员工不断提升他们的专业技能和知识,确保他们能够应对不断变化的工作环境。新知识控制与检测系统则能确保企业及时获取并应用最新的行业知识和技术。问题解决系统则鼓励员工面对挑战,寻找创新的解决方案,从而提升他们的问题解决能力。人际沟通系统则有助于建立积极的团队文化,促进员工之间的合作和分享。信息流系统则保证企业内部的信息流通,确保员工能够及时了解企业的战略方向和重要决策。而知识展示的激励系统则通过奖励机制激发员工的学习热情和创新精神。这项研究表明通过促进组织在培训开发、知识管理、人际沟通和信息流动等方面的能力,可以显著提升员工的人力资本潜力,进而推动组织的整体发展。

其中,培训开发在组织对其人力资本进行投资时扮演着关键角色。组织可通过在职训练和附加培训课程有效提升员工的认知与非认知能力,从而进一步发掘人力资本的潜力。重要的是要认识到,劳动者的认知能力可以随着企业的培训而得到提高,但是非认知能力不会随培训而提高,非认知能力只会被企业的激励政策所激发。被激发的非认知能力可以作用于劳动者的劳动生产率,提高产出。相反,如果非认知能力未能得到适当的激发,可能就无法为企业带来预期的高效益。因此,企业要通过适当的激励政策激发人力资本非认知能力,同时培训与开发人力资本的认知能力,可提高组织内人力资本的潜力。

此外,组织环境中的领导风格也对人力资本的潜力产生深远影响。变革型领导和服务型领导被认为是促进员工成长和提升组织效能的重要领导风格。变革型领导通过激发员工的内在动机,鼓励他们挑战自我,超越现状,从而实现个人和组织的共同发展。而服务型领导则强调领导者的服务角色,他们致力于满足员工的需求,创造有利于员工成长和发展的环境,从而提升人力资本潜力和促进潜力发挥。

Rusheva 在 2017 年的研究进一步强调了组织支持在促进人力资本潜力形成中的重要性。一个为员工提供安全的工作条件、稳定的工资、健康和社会保险以及专业和个人发展机会的组织,能够更有效地激发员工的潜能。还有,组织文化在引导人力资本潜力方面的作用也不可忽视。通过重视和提升特定的个人品质,组织可以通过其文化有意识地促进尊重、创新、团队合作和持续学习的价值观,这不仅能提高员工的工作满意度和绩效,也能释放员工的潜力。

通过这些措施,企业不仅能够提升员工的个人能力,还能够促进整个组织的成长和发展。一个支持性强、文化健康、积极促进员工成长的组织环境,是实现人力资本潜力最大化的关键。在这个过程中,组织的领导者和管理者需要认识到,员工的成长和发展不仅仅是个人的责任,同样也是组织的责任。通过为员工提供必要的资源、培训和支持,企业可以创造一个促进所有人才发挥最大潜力的环境,在实现组织目标的同时,也促进员工的职业发展和个人成就。

宏观环境因素

宏观环境因素对人力资本潜力具有广泛而深入的影响,涵盖了经济、社会、政策、技术和自然等多个方面。例如,经济增长可以提供更多的就业机会和培训资源,从而提高人力资本的质量和数量。社会文化因素如价值观和信仰也会影响人们对教育和职业发展的态度和期望,进而影响人力资本的形成和利用。政府的政策法规也会影响人力资本的投资和回报,比如通过教育补贴、税收优惠等措施鼓励企业和个人增加对人力资本的投入,能够直接影响个体的成长和发展,进而提升整个社会的人力资本水平。此外,信息技术的快速发展也在重塑人力资本的形态。远程工作、在线教育和数字学习平台的普及,使得知识和技能的获取不再受地理位置的限制,这为人力资本的提升提供了新机遇。最后,自然环境对人力资本潜力的影响也不容忽视。优美的自然环境和良好的生态条件能够提高居民的生活质量,促进身心健康。例如,Costanza等在2018年的研究表明,生态系统服务对人类福祉具有重要贡献,良好的生态环境有助于提高人力资本的潜在价值。

李作学和张蒙两位学者在2022年的研究中通过模糊集定性比较分析(fsQCA)方法,研究了中国各个省份的科技人才集聚现象,构建了影响科技人才集聚的理论模型,将经济发展、科技创新、文化教育、宜居环境和公共服务五个宏观生态环境要素整合在同一分析框架内。研究得出文化教育是科技人才高集聚的关键因素,其不仅是必要条件,也是科技人才集聚的核心条件和边缘条件;产生地区科技人才高集聚的驱动路径共有四条,分别是科技创新主导型、科技创新主导下的宜居文教驱动型、文化教育和公共服务主导下的经济科创驱动型、公共服务主导下的文教驱动型。这说明通过因地制宜建立经济、科创、文教、环境和公共服务之间的有效组合,可有效地发挥地区优势,吸引和促进科技人才集聚。而人才集聚则可以加速人才开发并促进人才资源向人才资本转变,使人才资本在运动中实现价值增值,促进人力资本潜力的进一步发挥。

此外,全球化和数字化的发展不仅加速了信息的流动,也极大地拓宽了人力资本的发展空间。在这个背景下,国际交流与合作成为影响人力资本潜力的新因素。国际合作项目、跨国公司的人才流动以及全球性的教育资源共享,都在不断地丰富着人力资本的内涵和外延。例如欧盟推出的伊拉斯谟世界计划

(Erasmus Mundus),旨在促进全球高等教育合作与交流。通过这种交流,学生们能够在多元文化的环境中学习和生活,这对他们未来在全球化的职场中取得成功至关重要。同时,跨国公司通过派遣员工到海外分公司工作,可以为员工提供宝贵的国际工作经验。员工可以在不同国家的工作环境中学习新的管理技巧和商业实践,这不仅提升了他们的专业能力,也增强了他们的全球竞争力。总之,国际交流与合作为人力资本潜力发挥提供了新的动力和机遇。

综上所述,宏观环境因素通过多种渠道深刻影响着人力资本的潜力。为了最大化人力资本的价值,必须综合考虑经济、社会、政策、自然以及技术等多方面因素,并采取灵活多变的策略来应对不断变化的全球环境。只有这样,才能确保人力资本得到有效开发,为经济的长期繁荣和社会的全面进步奠定坚实的基础。

衡量人力资本潜力的关键因素:

衡量人类潜力,特别是在智力、创造力和认知能力等领域,是一项多方面的任务。当前研究表明,在评估和理解个体潜力时,有几个关键因素是重要的:

(1)认知能力:这包括智力的各个方面,如解决问题的技能、记忆、推理和处理速度。标准化测试,如智商测试,通常用于测量这些能力。

(2)创造力:评估创造力涉及查看个体的跳出固定思维模式的能力、产生新想法和创新的能力。它更主观,可以通过创造性解决问题的任务、艺术表达和创新评估来评估。

(3)情绪智力(EQ):这是感知、控制和评估情绪的能力。EQ在人际关系、自我意识和情绪管理中起着至关重要的作用,可以是各种生活领域成功的重要预测指标。

(4)学习和适应能力:学习新信息、适应变化环境和灵活应用知识的能力至关重要。它可以通过学习任务、在不同场景下的适应性以及在新环境中应用知识的能力来评估。

(5)动机和坚持:个体的驱动力、雄心和韧性对于实现其潜力很重要。它包括他们的目标、面对挑战时的坚持以及努力的一致性。

(6)社交和沟通技能:有效的沟通和社交互动技能是大多数生活领域成功的必要条件。这涉及口头和非口头的沟通能力,以及协作工作的能力。

(7)身体健康:一般的幸福感和身体健康可以影响认知功能和整体潜力。它包括营养、运动和睡眠质量等因素。

(8)环境因素:教育机会、社会经济地位和文化影响等外部因素在潜力的发展和实现中起着重要作用。

这些因素共同为个体潜力提供了一个更全面的视角。值得注意的是,潜力是动态的,可以随着新的经历、教育和环境变化而改变。个体潜力的动态性强调了以下几个要点:

(1)持续发展:个体的潜力不是固定不变的,而是可以通过持续的学习、实践和个人成长得到提高。

(2)适应性和灵活性:随着环境的变化和新技能的学习,个体能够适应新的挑战和机遇,从而发展新的能力和潜力。

(3)多样性和个体差异:不同人的潜力发展路径不同,受到各自的经历、教育背景和环境因素的独特影响。

(4)潜力的开发和激发:通过教育、培训、挑战和支持,可以激发和开发个体的潜力,帮助他们达到更高的成就。

(5)整体性视角:在评估和支持个体潜力发展时,应考虑认知能力、情感智力、社交技能、动机和环境因素等多方面因素的相互作用。

因此,在考虑个体发展和潜力培养时,采取一种综合、灵活且适应性强的方法至关重要。这样可以更好地理解和支持个体在不断变化的环境中的成长和成功。

这些因素共同为个体潜力的全面评估提供了多维度的视角。值得指出的是,潜力是一个动态的概念,它随着人们获得新的经历、接受教育和处在不同的环境中而发生变化。在探讨衡量个人潜力的关键因素时,研究者普遍认为,智力和创造力是其中的核心要素。因此,专家们建议采用一种综合性的方法来评估这些要素,以更准确地理解和发掘个体的潜能。

在智力与创造力的交叉研究领域,罗伯特·斯特恩伯格的理论提供了深刻的见解。斯特恩伯格的模型不仅探讨了创造力和智力之间的潜在关系,还提出了几种可能的互动方式,如将创造力视为智力的一个分支,或反之,智力是创造力的一部分。这种互动方式的探讨为理解这两种能力如何相互作用和被综合评估奠定了基础。学者吉尔福德的智力结构(SOI)模型和霍华德·加德纳的多元智力理论,同样为理解创造力和智力的相互关系提供了重要的框架。吉尔福德在其 SOI 模型中特别强调了发散性思维的重要性,将其定义为一种关键的认知操作,这种思维方式能够产生多种可能的解决方案,是创造力表现的关键。另一方面,加德纳的理论提出,创造力可能是人们在空间智力、语言智力等不同智力类型中表现出来的一种能力。此外,卡特尔-霍恩-卡罗尔(CHC)智力模型进一步细化了这一理论,将创造力纳入智力结构的考量之中。这一模型基于流体智力和结晶智力的概念,将创造力归类为一种与长期存储和检索能力相关的认知能力。通过这种分类，CHC 模型强调了创造力与信息处理、知识运用和问题解决能力之间的紧密联系。

因此，我们可以认识到，对个体潜力的综合评价不应当局限于传统的智商测试或学术成绩的衡量。相反，一个人的潜力应该通过多个维度进行全面审视，这其中不仅包括智力、创造力，还涉及情感智能、人际交往能力等各个方面。这种多角度的评价方式能够更全面地揭示个人的能力和潜在价值，从而为个人成长、教育介入以及人才选拔提供更为精确的指引。

如何计算人力资本潜力

计算或量化个人潜力确实是一项复杂且有些抽象的任务,主要因为个人潜力不仅涵盖了广泛的能力、技能和特质,其中许多还具有高度的主观性和难以通过传统方法精确测量的特点。尽管面临这些挑战,不同领域的研究人员还是开发出了多种方法来尽可能地评估个人潜力的各个方面。在智力方面,智商测试和其他认知评估工具被广泛用于测量人的认知能力。这些测试设计用来评估逻辑推理、记忆、理解和数学能力等方面,尽管它们为智力提供了一种量化的衡量方法,但批评者指出,这些方法无法全面捕捉到智力的所有维度,如创造力和情感智力等。在体育或体力方面,人们倾向于通过测量速度、力量和耐力等具体指标来评估个体的体育潜力。例如,运动员的表现可以通过计时赛跑的速度、举重的重量或长时间进行体力活动的能力来量化。这些指标相对容易测量,可以直观地反映个体在体育领域的潜力。

但是创造力的测量则更加具有挑战性,因为它涉及包括主观评估以内的复杂的评价体系。例如,创造力测试可能包括评估个体解决问题的能力、产生新颖想法的能力或艺术作品的创作。尽管存在主观性,但通过设计精巧的测试和评估体系,研究人员仍然能够对个体的创造性潜力进行一定程度的估量。在情感和社会智力方面,研究人员也可以通过观察和特定的心理测试进行评估。这些评估工具旨在测量个体理解和管理自己及他人情绪的能力,以及在社交互动中的表现。这类能力对于个人的职业成功和社会适应同样重要,但其评估往往需要更多的主观判断和细致的观察。

随着科技的发展,技术在评估和提升个人潜力方面扮演着越来越重要的角色。人工智能、假肢技术和虚拟现实等现代技术不仅提高了评估的准确性和效率,也为提升人类能力和性能开辟了新的途径。例如,使用高级假肢和生物技术,可以显著提高身体残障人士的生活质量,并增强他们的自主能力,人工智能和数据分析技术则能帮助我们更深入地理解人类行为和潜力。

Neuralink 是由埃隆·马斯克创立的一家创新公司,致力于开发革命性的脑机接口技术。他们的研究涉及一种植入式设备,能够直接与大脑连接,目的是治疗严重的脑部疾病,最终提升人类的认知能力。Neuralink 的技术展示了一种可以读取和解释大脑信号的系统,这不仅为残疾人控制假肢提供了可能,也开启了人类与人工智能共生的全新领域。他们最近的研究成果包括成功在动物实验中读取大脑活动,展示了其在医学和增强人类能力方面的巨大潜力。这些前沿技术的发展和应用,预示着未来科技与日常生活融合的新时代。

Neuralink 已获得独立审查委员会的批准,将开始进行其首次针对瘫痪患者的脑植入物的人类试验。这项试验将面向由颈部脊髓损伤或肌萎缩侧索硬化症引起的瘫痪患者。Neuralink 表示,他们将使用机器人来植入脑-电脑接口(BCI)植入物,放置于控制移动意图的大脑区域。该公司的初步目标是让人们仅通过思考就能控制计算机光标或键盘。试验预计将花费六年时间完成,2024 年 1 月 29 日,马斯克宣布了 Neuralink 首次在人脑中植入了芯片,患者恢复良好,如今正在检测患者大脑中的电信号。

医疗领域的进步:Neuralink 能够帮助治疗神经系统疾病,如帕金森病、癫痫、抑郁症等,通过直接与大脑通信来恢复失去的感觉、提高运动能力或改善情绪调节。马斯克表示:"初步结果显示,神经元脉冲峰电位检测很有希望。"脉冲是神经元的活动,利用电信号和化学信号向大脑周围和身体发送信息。他随后透露 Neuralink 的第一款产品将被称为"心灵感应",它将允许用户"仅仅通过思考"来控制电脑或手机,并补充说通过这些技术,人们可以控制"几乎任何设备",首批用户将是那些失去肢体功能的人。

当然,马斯克关于在人脑中植入芯片的声明可能标志着 Neuralink 将改变生命的技术,并从实验室引入现实世界的一个重要里程碑。首先,人机交互的新时代已经到来。我们可以实现更加直接和高效的人机交互方式,比如通过思考来控制电脑或其他电子设备,这可能对残障人士的生活质量有显著提升。其次,人类可能会获得认知能力的提升,因为从理论上讲,这种技术未来也可能用于增强认知能力,如提高记忆力、学习速度等。

　　尽管现有的方法能够提供对个人潜力某些方面的快照,但个人潜力的真正价值远远超出了这些可量化的成果。个人潜力是一个充满活力的、动态变化的概念,它受到环境、教育、动机、个人经历等多种因素的影响。要深入理解和发掘个人潜力,需要将心理学、神经科学、遗传学和社会学等多个学科的跨学科研究相结合,这种跨学科的研究方法可以帮助我们从更全面的角度理解个人潜力的复杂性。而且,个人潜力的价值还在于个体的成长、适应环境的能力以及克服挑战的能力,这些能力虽然难以量化,但它们是评估个体潜力不可或缺的部分。它们反映了个体在面对困难和挑战时的韧性和适应能力,是个体成功的关键因素。

　　在尝试构建人力资本潜力的计算方式时,笔者认为要把人放在组织中进行价值计算,且人力资源管理在数字化转型中的动态性非常关键。在第三章中,我们提出的三阶段模型旨在描述中国人力资源管理价值链的发展,并强调了在数字化转型过程中,人力资源管理的这种动态适应性。在该模型的第一阶段,人力资源管理的动态性主要体现在其对数字化转型的适应上,不仅关注提升个人的人力资本价值,而是将组织作为一个整体进行考虑。

　　笔者还认为在该模型中,人力资源管理模块在价值链上的动态调整是为了更好地适应人工智能型人力资源管理(AIHRM)的需求。当考虑到组织中所有用户的价值时,人力资源管理的价值计算可以视为个人人力资本价值(IHCV)的总和。这种方法也为我们提供了一个新的视角,以捕捉与组织目标一致的人力资源管理价值创造,从而超越了将人力资源管理价值与财务变量直接匹配以计算价值创造的传统方法。

　　例如,依赖单一指标(如每位员工的收入)往往导致人们误认为人力资源管理和个人的人力资本价值不能用于组织层面的决策制定。然而,通过对人力资源管理价值创造的深入理解,我们可以更有效地预测组织的未来发展潜力,从而促进组织的长期成功。这种理论框架的转变强调了人力资源管理在促进组织发展中的核心作用,以及在数字化时代下,人力资源管理如何通过更加动态和灵活的方式为组织创造价值。所以不难看出,个人潜力的评估和发掘是一个复杂且多维的过程,它不仅包括了对可量化指标的分析,还需要考虑到个体的成长、适应能力和克服挑战的能力等更加抽象的方面。通过跨学科的研究和对人力资源管理动态性的深入理解,我们可以更全面地掌握个人潜力的本质,并在数字化转型的背景下,为组织和个人的发展提供更有效的支持和指导。

　　更何况,在人力资源管理价值创造的研究中,传统的研究和实践往往集中于评估和计算当前的人力资源价值,即通过衡量当前资产所产生的所有收入流的综合估值来反映人力资本的价值。这种方法虽然为理解人力资源当前为组织带来的价值提供了可量化的视角,但它忽略了一个关键的维度——未来的人力资源管理价值。为了实现人力资源管理的战略目标,我们主张必须同时考量当前与未来的人力资源价值,特别是在快速变化的市场和技术环境中。

近年来的实证研究进一步印证了人力资源管理和人力资本增强措施与公司财务绩效之间存在的正向相关性。这些研究结果揭示了人力资源实践不只对公司短期的财务成效产生显著影响,也对长期的财务表现带来持久的作用。这一发现凸显了从战略人力资源管理(Strategic Human Resource Management,SHRM)的视角深入挖掘和优化人力资源管理潜能的重要性。那些具有远见卓识的企业,能够识别并激发员工的内在潜力,从而在竞争激烈的市场环境中占据明显的竞争优势。在此基础之上,充分挖掘员工潜力成为提升人工智能型人力资源管理(Artificial Intelligence Human Resource Management,AIHRM)价值的关键策略。尤其是在资源受限的情况下,企业更应该注重培育和发展未来的组织领导者。这不仅意味着要识别和吸引那些具有高潜力的人才,还包括为所有员工提供持续学习和发展的机会,以提升他们的整体潜能。这一点对于确保组织能够适应未来挑战、抓住新兴机遇至关重要。随着业务环境的不断变化和发展,将战略人力资源管理与人力资本估值相结合,以预测人力资源管理的未来潜力,成为一项日益迫切的需求。这种结合不仅涉及对当前人力资源价值的评估,还包括对未来人力资源潜在价值的预测和规划,从而确保组织能够持续地从其人力资源中获得最大的价值。

因此,在模型的第二阶段,笔者主张建立一个更为全面和动态的人力资源管理评估框架,该框架不仅包括对现有人力资本价值的量化分析,而且还涵盖了对未来人力资本潜力的评估和策略规划。这种框架应该能够帮助组织识别关键的人力资源管理领域,其中包括员工的个人发展、领导力培养、技能提升以及创新能力的培育等,以适应未来市场和技术的变化。此外,如图4.5所示,这种全面的评估和规划过程还应该考虑到多种影响因素,包括组织文化、员工参与度、工作满意度以及外部环境的变化等,因为这些因素都会对人力资源管理的效果和未来潜力产生重要影响。通过这种综合性的方法,组织可以更有效地利用其人力资源,实现其战略目标,并在不断变化的全球经济中保持竞争力。

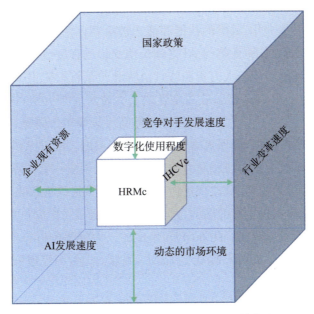

图 4.5 人力资本价值计算在多维空间的定位

人力资本潜力计算的理论基础

在现代企业中,人力资源管理(HRM)所面临的核心问题根源于企业战略与人力资源的效率和效果之间存在的不匹配。这种不匹配通常体现在个人能力与组织绩效目标之间的差异上,即高层管理的愿景与公司目前的整体效率和成效不符合,导致构成组织的个体无法实现这一愿景。为了解决这一问题,研究人员提出了多种理论,这些理论不仅描述了可持续竞争优势的本质,还强调了劳动力和人力资本的重要性。在 AIHRM 的多维视角下,识别出能够使战略在不确定环境下变得更加精确的具体要素变得尤为重要。我们相信,通过深入研究和应用这些理论,能够找到适合实现我们所追求的战略目标的关键变量。技术的快速发展,特别是生成型人工智能(Generative AI)的应用,为提高组织效率和效果提供了前所未有的新机遇。例如,谷歌最近发布的 Gcmini 展示了生成型 AI 在理解和与视频、音频互动方面的先进能力,这标志着自 2023 年 GPT-4.0 发布以来的又一次重大技术进步。Alavi 和 Westerman 在 2023 年的研究指出,AI 技术可以帮助员工更有效地处理认知挑战性的工作。在信息快速流动的数字环境中,生成型 AI 具有管理信息流和提升人类认知限制的潜力。

这种技术进步导致了两个明显的现象。一方面,随着技术的整合,人力资本的价值正在发生变化,人类的技能和能力被重新评估和定位。另一方面,在组织价值计算的背景下,人类与 AI 之间价值交换的程度成为衡量的重点。这两个关键方面预示着未来人力资源管理流程和政策将发生根本性的变革。为了适应这些变化,组织需要采取战略性的人力资源管理方法,这包括利用 AI 技术来增强员工的能力、优化工作流程和提高决策效率。同时,组织还需要重新评估人力资本的价值,确保人力资源战略与企业的长期目标和技术发展趋势保持一致。这不仅包括技能和能力的培养,还涉及创建一个支持创新和技术整合的文化,以促进人类与 AI 之间的协同工作。而且组织需致力于员工的持续学习与进步,通过提供丰富的培训与学习机遇,协助员工顺应技术革新的潮流,进而增强组织的整体效能。此外,利用精准的人力资源分析与预测能力,组织得以更深入地洞察并策划未来的人力需求,确保人力资源管理策略与企业宏观战略目标实现完美对接。

人力资本价值弹性

在探索 AIHRM 中如何计算人力资本价值时,我们引入了"人力资本价值弹性"这一概念。这个概念旨在捕捉员工潜力及人类与机器在工作中的互动方式,提出可以通过 AI 工具对这些互动进行计量和评估。人力资本价值弹性的核心在于理解员工的价值如何随着其与技术的互动而发生变化,进而影响组织的整体绩效和竞争力。

劳动价值理论(LTV)最早由 18 世纪末至 19 世纪初的经济学家亚当·斯密、大卫·李嘉图和卡尔·马克思等提出商品的价值可以通过生产该商品所需的平均劳动时间来客观衡量。这一理论尝试量化劳动在商品价值中的贡献,为理解商品的真实价格提供了理论基础。然而,价值的概念在不同领域,如营销、运营和人力资源管理等,有着不同的含义和重点。Ramsay 在 2005 年的总结指出,交换行为是价值循环的核心,使得价值保持其动态性。在劳动价值理论中,商品的价值最终在其交换价值中体现,而非仅仅在使用价值上,后者与满足人类需求或欲望的价值相关。在将劳动价值理论应用于人力资源管理时,我们可以从经济学的视角来解析个体价值创造的弹性(EIVC)。员工可能将自己的劳动价值看作是使用价值和交换价值的结合,但更倾向于使用价值,即他们的工作如何满足个人的需求和欲望。相对地,组织则可能视员工的劳动价值既包含使用价值也包含交换价值,但更侧重于交换价值,即员工的工作如何为组织带来经济利益。

在员工与公司的价值交换过程中,我们认为存在四种可能的结果:其一,员工的劳动可能被低估,即其为组织带来的价值高于其获得的报酬;其二,员工的劳动可能被高估,即其获得的报酬高于为组织带来的价值;其三,存在一种平衡状态,员工的劳动价值与其获得的报酬相匹配;其四,员工的潜在价值可能未被充分发挥,这通常是由于缺乏有效的人与机器的协同工作策略。因此在劳动价值理论的应用中,可以以这四种不同的员工与公司价值交换结果设定员工价值范围。这些结果包括员工对自身使用价值的高估或低估,以及公司对员工交换价值的高估或低估,从而影响商品或服务的劳动价值。通过这四种价值结果,结合数字化辅助工具(如绩效管理软件),组织能够计算使用价值与交换价值之间的弹性。

在 AIHRM 的背景下,通过精确计算和优化人力资本价值弹性,组织可以更有效地利用技术来提升员工的潜力和效率。这不仅涉及合理评估员工的使用价值和交换价值,还包括设计和实施能够促进人机高效协同的人力资源管理政策和程序。例如,利用 AI 工具进行技能匹配、培训推荐和工作分配,可以在确保员工满足和超越组织需求的同时,提高员工的工作满意度和促进员工的职业发展。因此,人力资本价值弹性的概念为我们提供了一个新的视角,以理解和评估在 AIHRM 环境下员工价值的动态变化。通过深入分析劳动价值理论,并将其应用于现代人力资源管理实践中,组织可以更好地把握员工与技术之间的互动,优化人力资本的配置和利用,从而在不断变化的市场环境中保持竞争优势。

随着人力资源管理研究的蓬勃发展,对人力资本评估的关注和方法已经经历了深刻变革。人力资本评估的初期探索主要回溯至 20 世纪 70 年代,那一时期标志着企业开始将员工不仅视为成本单元,更视为其最宝贵资产的重要转折点。这一思维模式的转变受到了资本化理念的影响,激发了包括 Gary Becker、Robert E. Fulmer 和 Ryan E. Ployhart 在内的学者们将非金融资源或资产纳入资本的范畴,并强调其经济价值与投资的回报潜力。这种理念上的创新促成了人力资本理论的概念化,并与传统的劳动价值理论形成鲜明的对比。

人力资本价值理论认识到,员工的价值并非仅仅由他们的时间投入决定,而是他们所拥有的专业技能或知识能够提高生产力和组织回报。这一观点超越了劳动价值理论的范畴,后者主要关注直接劳动力投入和生产商品所需的时间。人力资本方法进一步探讨了工人的特定属性和素质如何成为影响其劳动力价值的关键因素。尽管人力资本理论作为一种基本的供给侧理论,主要解释员工教育、经验、工资和绩效之间的相关性,但 Bowles 和 Gintis 在 2011 年指出,对人力资本价值的评估也需要考虑劳动力市场的需求侧,这包括宏观经济因素、市场结构、技术变革和经济二元论等因素。

Murphy 在 1958 年提出的观点,即人的潜力不仅是当前表现与未来表现之间的差异,而且是一个表达了可能性的概念,它涉及人们在未来如何努力使自己变得更好。这种对人的潜力的理解不仅局限于认知能力的提高,而且涉及人与环境的互动,以及人的自我理解、与环境的关系、与他人的关系。Murphy 及其他学者的研究提供了对人类行为和认知模式的更深入理解,强调了个体如何通过与周围世界的互动而进化,并通过新的理解和学习来实现自我满足。

通过这种广泛的视角,我们可以看到,人力资源管理和人力资本评估不仅关注量化的经济价值,也包括对个体成长潜力的深入理解和支持。这要求组织不仅投资于员工的技能和知识提升,而且还要创造一个促进个体发展、认知提升和人际互动的环境。在此背景下,人力资源管理的策略和实践应当旨在促进个体的全面发展,从而为组织带来长期的价值和竞争优势。这种方法强调了人力资本的多维性,以及在评估和管理人力资源时需要综合考虑个体的多方面需求和潜力。

在当今的工作环境中,个体的潜力被认为是预测未来表现的关键因素,而不仅仅是衡量当前表现的标准。这种对潜力的理解建立在复杂的遗传、基因组、表观遗传学和认知调节水平之间相互作用的基础上,正如 Richardson 及其他学者所强调的,但这种互动远不止于此。在面对复杂的工作环境时,组织可能难以直接观察到潜力与绩效增长之间的直接相关性,尤其是当考虑到这些复杂的生物学和认知层面的互动时。然而,一个物种的抽象协变结构越深,其认知能力就越丰富,个体潜力的发展机会就越多,从而为组织带来更大的回报和价值。

人类需求的形成受到社会文化的深刻影响。Murphy 的观点指出,在不同文化背景下成长的个体会展现出不同的需求和欲望,这将进一步影响他们的决策过程,最终影响个体潜力的实现。这种文化对潜力的影响强调了在考虑个体发展和绩效潜力时,必须考虑到更广泛的社会和文化因素。

随着人工智能技术的发展,我们见证了个体潜力的新定义,这不仅在工作环境中,而且在日常生活中弥合了人体的能力和认知缺陷,使个体变得更加完善。以 Neuralink 的脑机接口为例,该技术创造了一种通用的脑接口,旨在恢复那些当前医疗需求未得到满足的人的自主性,并在将来释放人类的潜力。这种技术的发展表明,即便人体存在缺陷和不完美,也存在变得更好的潜力,这种潜力在未来可以得到进一步的开发和实现。考虑到我们对人力资本潜力的现有理解,并结合劳动价值理论中使用价值和交换价值之间的弹性,我们认为,这种弹性可以视为工作环境中员工潜力的一个维度。在这里,人力资本潜力被定义为个体的可能表现,但尚未实现。然而,在适当的条件下,这种潜在的表现是可以实现的。

对于工作场所的个体而言,Silzer 和 Church 在 2009 年强调,组织经常将员工未来的有效性与过去的绩效相混淆,而组织的投资回报率(ROI)也必须考虑到员工潜在价值的预测。实践中,组织通常根据角色来定义员工的潜力,将那些能够有效担任高级管理职位的人标识为高潜力人才,这种定义不受个体当前角色或级别的限制。通过使用不同的波段级别类别来区分潜力水平,组织可以更准确地衡量和预测人力资本的价值。

因此,笔者建议除了考虑相应的工资带水平,还应充分利用职位带水平来数字化衡量人力资本价值的收入和成本。这种方法不仅能帮助组织更准确地评估员工的潜力,还能为个体的职业发展提供更有针对性的支持和机会。通过这种综合性的评估和管理方法,组织可以最大化地发挥人力资本的潜力,促进个体和组织的共同成长和成功。

在探讨人力资本价值的复杂领域时,我们假设成本不仅是人力资本价值的一个方面,而且已经成为个体和组织层面上人力资本估值不可或缺的一部分。这种估值深入探讨了个体与组织之间的相互作用,揭示了潜在价值、有效性价值和实际市场价值三个关键维度之间的关系。如 Meijerink 和 Bondarouk 在2023 年的研究指出,人力资本的价值不仅体现在从工作中获得的货币性(或交换价值,例如收入)和非货币性利益(或使用价值,例如个体成长、身份认同和成就感)上,这种价值的认识为我们提供了一种全新的理解视角。从组织的角度看,寻求提高人力资本在劳动过程中的货币价值的创新方式成了提升组织绩效和竞争力的关键。这涉及对劳动力和资本的综合管理,旨在找到个体满意度和市场价值之间的平衡点,从而为组织设定最大效率和有效性的基线。

我们进一步定义个体人力资本价值创造为工作岗位级别决定的人力资本价值收入与成本之间的差异。这种定义强调了个体在其职业生涯中创造价值的能力,以及组织通过优化这种能力来实现其战略目标的重要性。同时,人力资本潜在价值创造被视为当前人力资本价值创造与未来人力资本价值创造之间的差异,反映了个体和组织发展潜力的动态性。此外,我们使用"弹性"一词来描述每个员工个体价值创造的动态性,这种动态性体现在当前工资带水平与目标工资带水平之间的差异。个体人力资本价值弹性率的定义提供了一个量化的框架,用以衡量员工在其职业生涯中适应不同角色和责任所展现出的灵活性和适应能力。

理论上,一个组织的最大潜力是有限的。为了实现这一极限,包括人力资源管理在内的所有运营都需要准确识别和评估这一价值,努力缩小当前实践与理想状态之间的差距。这要求组织不仅要关注当前的人力资本价值创造,也要预见和规划未来的价值创造潜力,通过持续的发展和优化策略,使公司的运营在每个发展阶段都能充分发挥其潜力。在这个过程中,组织需要采取一种全面的方法来管理和发展其人力资本,这包括投资于员工的培训和发展、创建激励和奖励机制以及建立一种文化,鼓励创新和个体成长。通过这种方法,组织不仅能够提高其人力资本的货币和非货币价值,还能够在不断变化的市场环境中保持竞争力,实现长期的成功。

HRM 校准

如上文所述,AIHRM 的核心目标是为企业的所有员工提供精准和动态的服务,这一过程不仅要求个体和组织之间的互动,还需要双方的积极投资。在这个过程中,人力资本弹性象征着个体对自身发展的投资,而我们所定义的人力资源管理校准则代表了组织资源和投资在 AIHRM 中的整合,包括对人力资源管理资源及人工智能工具的投资。此概念的理解可以通过交换经济理论进一步阐述。

根据 Hirshleifer 在 1973 年提出的交换经济理论,交换作为一种经济活动,本质上涉及成本。在 AIHRM 的背景下,人力资源管理被划分为六个智能系统,包括智能决策辅助系统、智能评价系统、人机交互系统、智能培训系统、顾问系统和智能激励系统。这些系统中,人工智能型人力资源管理战略决策系统是核心,通过提供更丰富的数据和信息来加强决策过程。在实现 AIHRM 的战略决策的准确性方面,考虑到个体与组织之间的人力资本估值交换,人力资源管理的资源和投资成了重要的考虑因素。

亚里士多德曾提出,商品的价值取决于它们满足需求的程度。在员工与组织之间的关系中,员工提供的是他们的知识、技能和能力,而他们从组织获得的则是组织提供的资源。Foa 在 1974 年的研究中提到,从一个体到另一个体可以转移的资源有六类,包括爱、地位、信息、金钱、商品和服务。在数字时代,组织可以利用人工智能人力资源管理提供的数字平台和工具,以服务的形式向员工展示他们的价值和潜力。反过来,员工通过利用这些资源为组织创造价值。

交易的本质在于双方通过共同努力就利益分配问题达成了一个具体且通常具有约束力的协定。在这个架构中,组织与员工通过投入各自的价值,使得双方在交换中都能获得利益。AIHRM 为这种交换提供了一个更加精确和高效的平台,通过人工智能技术优化人力资源管理的各个方面,从而提高个体和组织的整体价值。那么,随着 AIHRM 在企业中的应用日益增多,人力资源管理的校准变得尤为关键。这需要组织不仅投资于先进的 AI 技术,还需要培养员工利用这些技术的能力,以及调整和优化人力资源管理的策略和流程,确保技术投资能够转化为实际的组织效益。通过这种方式,AIHRM 可以成为推动组织创新、提高效率和增强竞争力的强大工具,同时也为员工提供了发展个体潜力和实现职业目标的新机遇。

人力资源管理(HRM)在评估和投资人力资源方面的研究,往往没有对组织员工的价值进行量化,而是通过"效益"或"附加值"这样的定性描述来表达。例如,Buyens 和 De Vos 在 2001 年的研究中强调了人力资源管理在战略、人力资源服务和行政领域所带来的主要附加值,其中战略附加值被认为是最关键的,而行政领域附加值的重要性相对较低。他们进一步指出,在这三个领域中,尽管管理层提供的附加值最少,但其成本却是最高的。

在这个背景下,我们提出了一个新的概念,即将人力资源管理资源和投资定义为人力资源管理价值校准(HRMc)。这意味着,在进行人力资本评估时,为了在评估人力资本潜力的过程中获得更高的准确性,人力资源管理需要充分利用其战略、招聘、绩效跟踪、培训和发展、薪酬管理等功能,目的是缩小 AIHRM 不同阶段间的价值差距。例如,许多中国公司已经在采用数字化软件来收集和监控关键绩效指标(KPI),进而利用这些数据来预测员工的未来绩效。

为了预测组织整体的未来价值创造潜力,组织需要计算个体价值创造潜力的总和。这里,个体价值创造潜力被定义为未来个体价值收入与未来个体成本预测之间的差异。结合经济学中的弹性概念,我们认为人力资本价值潜力弹性(IHCVe)与人力资源管理价值校准(HRMc)同样重要。HRMc 和 IHCVe 成为影响未来个体价值的关键因素,其中个体人力资本作为一种经济商品,其价值受到与组织交换过程的影响。

在我们的研究中,使用 HRMc 和 IHCVe 来表达交换行为是计算交换行为价值的一种方法。人力资源管理代表了组织的可见行动,如吸引和留住员工、绩效管理,以及通过适当的政策来激励和支持员工。IHCVe 则关注员工的可见行为,包括员工对自身价值的评估以及他们基于该评估所采取的行动。笔者认为人力资本价值潜力弹性不仅反映了员工在特定时间点的价值,也指向了员工在未来可能实现的价值增长潜力。这种潜力的实现依赖于组织如何通过 HRMc,即人力资源管理资源和投资,来促进员工的成长和发展,以及如何通过战略性的人力资源管理实践来优化员工的绩效和满意度。

那么,通过深入理解和应用 HRMc 和 IHCVe 这两个概念,组织不仅能够更准确地评估和预测人力资本的价值,还能够通过创新的人力资源管理策略和实践,为员工和组织创造更大的价值。这种方法不仅促进了组织和员工之间的有效交换,还为实现组织的长期战略目标和员工的职业发展目标提供了支持。

AIHRM 价值预测理论

在第二阶段的研究中,笔者通过对海信、CGL 集团和 AL 集团三家企业的案例研究,获得了对人力资本价值深层次的理解。这三家企业分别代表了制造业、猎头业和服务业,展示了不同行业评估和理解人力资本价值的多样性。继第一阶段的海信研究,我们发现该公司采取了多项措施来提升员工的人力资本价值,包括设定集团层面的目标、与行业标杆企业的薪酬福利比较和定期评估工作岗位价值。这些措施旨在激励员工,通过提高工作效率和产出来提升人力资本的价值。CGL 集团是一家成立于 2018 年的中国猎头公司,通过系统的人才评估为多家知名企业提供服务。CGL 的高级副总裁指出,虽然员工潜力的衡量具有挑战性,但通过比较目标职位的价值与现有工作职位的价值差异,可以量化员工的潜力。CGL 不仅关注候选人的过去经历,也重视其对未来职位的期望和努力工作的承诺,认为这些因素是衡量候选人潜力的重要指标。AL集团,作为一家在中国拥有超过 5 000 名员工的家庭护理产品公司,其人力资源管理战略已被许多中国企业采纳。AL 通过基于成本和收入的逻辑来评估员工的人力资本价值,同时强调过去数据在衡量员工价值中的重要性。通过这些案例研究,我们发现组织通常基于员工职位的价值来衡量人力资本的价值。尽管技能和知识等因素对员工的人力资本价值有重要影响,但组织往往会因成本而采用基于职位价值的评估方法。

人力资本作为组织发展的核心驱动力,包括员工的技能、知识和能力。我们通过研究发现,员工的人力资本价值不仅取决于其职位的价值,还取决于员工的潜力发展。组织面临的挑战在于如何激发员工的潜力,提高其人力资本的价值。通过采取合理的人力资源政策和管理措施,组织可以促进员工的成长,提升其对组织的贡献。而且,我们认为在人力资本价值预测和管理中,综合考虑员工的当前价值和潜在发展是至关重要的。组织应该采用多元化的评估方法,既考虑成本和收入的逻辑,也关注员工的潜力和期望。通过这种方式,组织不仅能够更准确地衡量和提升员工的人力资本价值,还能够为员工和组织本身创造更大的价值。

在当今复杂多变的商业环境中,企业在评估人力资本价值时面临着多重挑战。员工的技能、知识和其他个体属性对其人力资本的价值有着显著影响,然而,对这些因素的投资对组织来说可能代价高昂。因此,许多企业倾向于采用基于员工职位价值的衡量方法,这种方法虽然便于实施,但可能无法全面反映员工的真实价值和潜力。根据 CGL 集团的访谈数据,管理者在评估人力资本价值时通常采用两种不同的逻辑:一种是基于成本的逻辑,另一种则是以收入为基础的逻辑。这两种逻辑都依赖于员工过去的表现数据作为衡量标准,而忽视了员工未来发展的潜力。这种做法在 AL 的案例中得到了进一步的证实,无论是成本还是收入视角,企业都倾向于使用历史数据来评价员工的人力资本价值。

然而,员工的个体人力资本价值并非一成不变,随着技能、知识和动机的提升,个体的价值和潜力有巨大的增长空间。组织面临的关键挑战在于如何有效激发这些潜力,从而提升整体的人力资本价值。海信通过设定集团层面的目标、与行业标杆企业的薪酬福利比较,以及定期评估工作岗位价值等措施,有效激发了员工的积极性,促进了人力资本价值的提升。CGL 集团高级副总裁指出,尽管员工潜力的衡量存在困难,但通过分析目标职位价值与现有职位价值之间的差异,可以量化员工的潜力。员工对未来稳定的期望促使他们通过提升学历、技能和寻求机会来实现个体目标,从而增加个体人力资本的价值。

在猎头业务中,CGL 集团特别关注候选人对目标职位的期望及其工作努力的承诺。候选人对自我期望的高度以及展现出来的工作热情被视为其潜力的重要指标。这表明,个体对职业发展的积极态度和努力可以被视为评估其人力资本潜力的关键因素。不难发现企业在评估员工的人力资本价值时,不应仅仅依赖于基于成本或收入的传统逻辑,也应考虑员工的未来潜力和发展空间。通过采取综合性的评估方法,如设定明确的组织目标、比较行业标准、定期评估工作岗位价值以及重视员工对职业发展的期望和承诺,企业可以更准确地预测和提升人力资本的价值。这不仅有助于企业充分挖掘和利用员工的潜能,还能为员工提供成长和发展的机会,共同推动组织实现长期战略目标。

人力资本的价值是一个多维度的概念,它不仅反映了员工当前对企业的贡献,也包含了员工未来发展的潜力。Snell 和 Dean 在 1992 年的研究中指出,员工的贡献越大,对企业而言,人力资本投资就越具有吸引力。然而,现实情况往往是员工的实际表现未能充分发挥其最大潜能,这揭示了人力资本价值提升的可能性。作为一种动态资源,人力资本的价值潜力受到多种因素的影响,包括员工个体属性和外部市场环境。同时,员工在职业发展的不同阶段,其人力资本潜力的价值也会有所差异。

AL 集团的人力资源经理强调,人力资本潜力的价值受到两个主要因素的影响:一是员工人力资本在当前市场上的价值;二是员工对自身人力资本价值的主观判断。这两者之间的差异构成了人力资本潜力价值的现值。对于未来,人力资本潜力的价值还取决于对未来市场人力资本价值的预期,以及员工凭借人力资本所能获得的工资现值。CGL 集团在评估求职者潜力的过程中也证实了这种观点。他们认为,通过分析求职者的历史表现和未来潜力,可以更准确地预测其对企业的贡献。基于此,人力资本的价值不仅直接影响员工的收入,如工资、福利和晋升机会,也提示了组织需要关注员工人力资本价值发展潜力的重要性。

从财务分析的视角来看,对价值的关注有助于衡量绩效,并考虑组织所有利益相关者的长期利益。竞争注重价值的公司有助于确保资本、人力资本和自然资源在整个经济中得到有效利用。公司通过投资资本来创造未来现金流,期望其回报率超过投资成本。类似地,从人力资源管理的角度来看,组织对员工的投资旨在以尽可能低的成本在未来产生尽可能高的组织绩效。

组织对员工个体的投资不仅是财务上的,还包括时间、培训和发展机会的投资。这种投资的目的是激发员工的潜能,促进其个体和职业成长,从而为组织带来长期的回报。员工的个体价值不仅体现在他们为组织带来的直接经济效益上,还包括他们对组织文化、创新能力和团队合作精神的贡献。在这个过程中,组织需要采取一系列策略,包括但不限于设定明确的职业发展路径、提供持续的学习和培训机会、实施有效的绩效管理体系、建立激励的薪酬和福利体系。这些策略旨在确保员工的人力资本得到最大化的利用和发展,同时也满足员工对个体成长和职业发展的需求。

　　总之,人力资本的价值是一个包含现实和潜力两个维度的复杂概念。组织通过对员工的全面投资和有效管理,不仅能提升员工的个体价值,也能实现组织的战略目标和长期利益。这要求组织在理解和评估人力资本价值时,采用更加全面和动态的视角,关注员工在职业生涯中的成长和发展,以及他们对组织未来发展的贡献潜力。

算法

　　人力资本估值是企业管理和财务分析中的一个关键环节,旨在量化员工对企业价值的贡献。这一领域的研究历史悠久,涌现出多种估值方法。其中,Flamholtz 在 1971 年提出的个人经济价值的规范模型是人力资源会计领域的重要贡献。该模型通过服务或产品的价格(价格-质量法)或员工服务预期收入(收入法)来评估员工服务的货币价值,为人力资本的会计估值提供了标准化方法。与此同时,Lev 和 Schwartz 同年提出的方法通过计算特定年龄段人员的人力资本价值及其未来剩余就业工资的现值,为组织财务报表中的人力资本估值提供了实用的衡量程序。

　　此外,从金融市场的视角出发,Brealey、Myers 和 Allen 等学者建议使用公司高管未来现金流的现值作为人力资本价值的指标。这种方法基于公司财务指标,如股价、剩余收入和净资产收益率等,这些指标反映了投资者对公司未来现金流的预期,进而可以推断出人力资本资源的价值。在我们第二阶段的案例研究中,我们发现企业通过评估每个职位的重要性和投资回报来评估员工个体价值。职位波段水平和目标职位波段水平之间的差异不仅可以用来计算每个员工个体价值创造的动态性,也能够用来评估人力资本价值(IHCV)。通过采用先进的人力资源管理战略和政策,结合人工智能工具和大数据分析,企业能够更精确地预测和计算员工潜力。

　　Fulmer 和 Ployhart 在 2014 年的研究进一步指出,财务估值可以反映人力资本资源所提供的预期经济效益的货币形式。这意味着人力资本潜力等于人力资本所带来的整体利润,同时也需要考虑到人力资本成本,如工资和培训成本等,这些成本需要被有效管理以提升利润。

　　基于以上分析,我们可以提出组织 AIHRM 价值和个体人力资本潜在价值的计算公式如下:

AIHRM 价值＝组织人力资本价值＝∑当前个体人力资本价值

个体人力资本潜力价值＝未来个体人力资本价值－当前个体人力资本价值

AIHRM 潜力价值＝组织人力资本潜力价值＝∑个体人力资本潜力价值

在当今的学术研究中,关于人力资本估值的方法已经相当多样,包括从财务会计角度和金融市场视角进行的测量,以及基于效用分析的方法。然而,这些方法大多数关注于评估当前的人力资本价值,而对人力资本未来价值的评估往往不够重视。对企业而言,未来人力资本价值的准确估算对于制定长远的战略决策至关重要。显然,人力资本价值创造是一个极其复杂的过程,受到多种外部和内部环境因素的影响,包括市场变化、技术进步、组织文化、员工个体能力发展等。这些因素的多变性和不确定性使得准确计算或预测未来人力资本价值成为一项挑战。随着技术的不断发展,特别是人工智能和大数据分析技术的应用,企业现在有可能综合考虑这些影响因素,更准确地计算当前及未来人力资本的潜在价值。通过利用这些先进技术,企业不仅可以更深入地理解人力资本价值创造的内在机制,还可以为人力资源的管理和发展提供数据支撑,从而更好地做出战略决策,推动企业的持续发展与竞争优势的构建。因此,企业应积极探索并实践这些新的估值方法,以充分挖掘和利用人力资本的潜力,为企业的长期成功奠定坚实的基础。因此,我们提出了 AIHRM 价值校准理论的未来计算,并通过中国战略性人力资源开发网站 aihrmv. shrd. com 搭建了软件模型。如图 4.6 至 4.9 所示。企业可以录入相关信息,并在选择企业目前数字化转型阶段的基础上,录入人力资本价值计算所需信息,并得到三种人力资本潜力估值以及人资投入策略。

图 4.6 数字化人力资源管理价值计算界面示意图

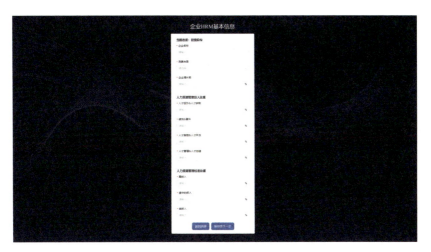

图 4.7　企业基本信息录入界面示意图

图 4.8　员工价值信息录入界面示意图

图 4.9　测算结果界面示意图

数据模拟

预测组织价值的过程复杂多变，通常涉及经济学、会计学和金融学等领域的算法。这些方法为我们提供了评估组织人力资源管理价值和个人人力资本潜在价值的基础。然而，除了这些传统方法，我们还引入了财务分析中的情景分析技术。正如 Damodaran 在 2009 年所指出的那样,所有估值方法都存在偏差,关键在于能否识别并量化这些偏差的方向和幅度。尽管没有一种精确无误的估值公式,但是越是能够量化的估值模型往往越有用。对于那些能够产生现金流的资产来说,其内在价值主要取决于资产在其使用寿命内所能产生的预期现金流量。

在人力资源管理和人力资本的研究中,我们的目标不仅是识别影响人力资本收入的偏见,更重要的是找到影响这些偏见的方向和程度的关键因素。市场上的人力资本价值反映了员工在特定时间点对公司的实际贡献价值。评估当前和未来个人人力资本价值时,我们需要估算当前和预期的员工收入,并从中扣除员工的总成本。在估计未来价值时,考虑人力资源管理校准率(HRMc)和个人人力资本价值弹性率(IHCVe)成为必要。例如,我们可以将人力资源管理的影响因素比作利率,在构建理论时假设,在其他条件不变的情况下,人力资源管理价值链中任何形式的改进都将对组织产生积极影响。这种假设基于对人力资源管理策略和实践的有效性及其对组织总体价值创造能力的影响的理解。

然而,目前我们面临的挑战之一是,人力资源管理价值链上的每个环节如何精确地定位其对组织价值的确切贡献仍然不够清晰。这要求我们不仅要深入理解人力资源管理的各个方面,还需要采用先进的分析工具和方法来更准确地评估这些活动对组织价值创造的贡献。这包括使用大数据分析、人工智能技术和情景分析来预测人力资源管理策略的潜在影响,从而使组织能够更有效地规划和实施人力资源管理策略,最大化人力资本的价值。通过结合传统的经济学、会计学和金融学方法以及财务分析中的先进技术,我们可以更全面、更动态地评估人力资本的价值,为组织提供战略决策支持,促进组织长期发展和竞争优势的构建。

如果将数据代入上述的公式中,如表 4.1 所示,我们根据之前提到的劳动价值理论(LVT),设定了四种基于个人价值创造弹性(EIVC)的情景。如图 4.10 及表 4.1 所示,在每种情景中,我们进一步比较了三种不同的战略人力资源管理(SHRM)决策情景,这些情景是基于人力资源管理校准率(HRMc)的功能。这三种情景分别是高于平均销售额、平均销售额和低于平均销售额。在其他条件相同的情况下,个人人力资本价值弹性率的差异,以及人力资源管理校准率的增加,将会扩大个人人力资本潜在价值(IHCPV)的幅度。

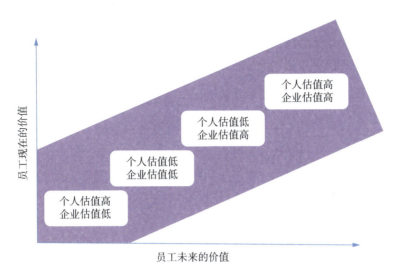

图 4.10　人力资源价值链校准率的变动对个人未来价值潜力的影响

在个人人力资本价值弹性方面,采用"调整后的现值"方法时,"人力资本的价值是通过对 5 年未来工资的调整后折现现值来计算的"。当采用这种方法时,我们在公式中加入了人力资源的校准,以考虑可能的影响因素,从而获得更准确的结果。如图 4.11 及表 4.2 所示,我们将 IHCVe 视为衡量个别员工工资对组织提供的报酬的响应度的指标。在其他变量不变的情况下,IHCVe 的差异将直接影响未来个人人力资本价值(FIHCV)的方向。

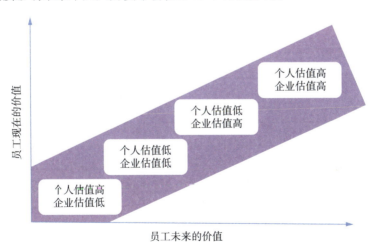

图 4.11　人力资本价值弹性率的变动对个人未来价值潜力的影响

表4.1 人力资源价值链校准率值模拟(*t*=1)

情景1 企业估值低 员工估值高	IHCPV	FIHCV	CIHCV	未来人力 资本收入	现人力 资本收入	HRMc	IHCVe	现人力 资本成本	*g* (成本增长率)
A 高于平均水平	7 600	12 600	5 000	20 000	10 000	10%	0.8	5 000	0%
B 平均水平	640	3 640	3 000	10 000	8 000	8%	0.8	5 000	2%
C 低于平均水平	−1 216	1 784	3 000	8 000	8 000	6%	0.8	5 000	3%
情景2 企业估值高 员工估值低	IHCPV	FIHCV	CIHCV	未来人力 资本收入	现人力 资本收入	HRMc	IHCVe	现人力 资本成本	*g* (成本增长率)
A 高于平均水平	16 400	21 400	5 000	20 000	10 000	10%	1.2	5 000	0%
B 平均水平	4 960	7 960	3 000	10 000	8 000	8%	1.2	5 000	2%
C 低于平均水平	2 176	5 176	3 000	8 000	8 000	6%	1.2	5 000	3%
情景3 企业估值相等 员工估值相等	IHCPV	FIHCV	CIHCV	未来人力 资本收入	现人力 资本收入	HRMc	IHCVe	现人力 资本成本	*g* (成本增长率)
A 高于平均水平	12 000	17 000	5 000	20 000	10 000	10%	1	5 000	0%
B 平均水平	2 800	5 800	3 000	10 000	8 000	8%	1	5 000	2%
C 低于平均水平	480	3 480	3 000	8 000	8 000	6%	1	5 000	3%
情景4 企业估值低 员工估值低	IHCPV	FIHCV	CIHCV	未来人力 资本收入	现人力 资本收入	HRMc	IHCVe	现人力 资本成本	*g* (成本增长率)
A 高于平均水平	9 250	14 250	5 000	20 000	10 000	10%	0.875	5 000	0%
B 平均水平	1 450	4 450	3 000	10 000	8 000	8%	0.875	5 000	2%
C 低于平均水平	−580	2 420	3 000	8 000	8 000	6%	0.875	5 000	3%

表4.2 人力资本价值弹性率值模拟(*t*=1)

情景1 企业估值低 员工估值高	IHCPV	FIHCV	CIHCV	未来人力 资本收入	现人力 资本收入	HRMc	IHCVe	现人力 资本成本	*g* (成本增长率)
A 高于平均水平	6 800	11 800	5 000	20 000	10 000	5%	0.8	5 000	0%
B 平均水平	240	3 240	3 000	10 000	8 000	3%	0.8	5 000	2%
C 低于平均水平	−1 472	1 528	3 000	8 000	8 000	2%	0.8	5 000	3%
情景2 企业估值高 员工估值低	IHCPV	FIHCV	CIHCV	未来人力 资本收入	现人力 资本收入	HRMc	IHCVe	现人力 资本成本	*g* (成本增长率)
A 高于平均水平	15 200	20 200	5 000	20 000	10 000	5%	1.2	5 000	0%
B 平均水平	4 360	7 360	3 000	10 000	8 000	3%	1.2	5 000	2%
C 低于平均水平	1 792	4 792	3 000	8 000	8 000	2%	1.2	5 000	3%

续表

情景3 企业估值相等 员工估值相等	IHCPV	FIHCV	CIHCV	未来人力资本收入	现人力资本收入	HRMc	IHCVe	现人力资本成本	g（成本增长率）
A高于平均水平	11 000	16 000	5 000	20 000	10 000	5%	1	5 000	0%
B平均水平	2 300	5 300	3 000	10 000	8 000	3%	1	5 000	2%
C低于平均水平	160	3 160	3 000	8 000	8 000	2%	1	5 000	3%
情景4 企业估值低 员工估值低	IHCPV	FIHCV	CIHCV	未来人力资本收入	现人力资本收入	HRMc	IHCVe	现人力资本成本	g（成本增长率）
A高于平均水平	8 375	13 375	5 000	20 000	10 000	5%	0.875	5 000	0%
B平均水平	1 012.5	4 012.5	3 000	10 000	8 000	3%	0.875	5 000	2%
C低于平均水平	−860	2 140	3 000	8 000	8 000	2%	0.875	5 000	3%

　　如果企业需要进一步按照第三章中的中国情境下的人力资源价值链模型的三个阶段去细分并计算个体人力资本潜力价值,也可以运用上文中提到的初级、发展及成熟阶段的员工未来价值计算公式,代入员工人力资本价值潜力空间的计算中,如表 4.3 和 4.4 所示。需要注意的是,在初级阶段,由于人力资源价值链上的各模块之间的关联性较弱,在计算权重时需要将员工的未来价值也同样加上权重再计算总和。但是到了发展阶段,多数企业都在进行三支柱转型,人力资源管理的价值链中的功能趋于整合。因此,可以通过权重乘积的方式计算员工未来价值。但是到了成熟阶段,由于人力资源管理的价值链处在企业生态当中,所有业务与数字化技术相结合,并得到实时更新,有些价值链上的功能已经达到价值最大化,例如员工管理功能,数智化技术可以完全将员工管理相关工作替代。那么我们需要找出仍然能够创造价值的功能模块,并用区分高价值和低价值进行权重的分配与计算。

表 4.3　员工人力资本价值潜力空间计算模拟-初级阶段

情景1 企业估值低 员工估值高	IHCPV	FIHCV	CIHCV	未来人力资本收入	现人力资本收入	HRMc-a	HRMc-b	HRMc-c	HRMc-d	IHCVe	现人力资本成本	g（成本增长率）
A高于平均水平	7 600	12 600	5 000	20 000	10 000	25%	25%	25%	25%	0.8	5 000	0%
B平均水平	640	3 640	3 000	10 000	8 000	25%	25%	25%	25%	0.8	5 000	2%
C低于平均水平	−1 216	1 784	3 000	8 000	8 000	25%	25%	25%	25%	0.8	5 000	3%
情景2 企业估值高 员工估值低	IHCPV	FIHCV	CIHCV	未来人力资本收入	现人力资本收入	HRMc-a	HRMc-b	HRMc-c	HRMc-d	IHCVe	现人力资本成本	g（成本增长率）
A高于平均水平	16 400	21 400	5 000	20 000	10 000	25%	25%	25%	25%	1.2	5 000	0%
B平均水平	4 960	7 960	3 000	10 000	8 000	25%	25%	25%	25%	1.2	5 000	2%
C低于平均水平	2 176	5 176	3 000	8 000	8 000	25%	25%	25%	25%	1.2	5 000	3%

情景3 企业估值相等 员工估值相等	IHCPV	FIHCV	CIHCV	未来人力资本收入	现人力资本收入	HRMc-a	HRMc-b	HRMc-c	HRMc-d	IHCVe	现人力资本成本	g(成本增长率)
A 高于平均水平	12 000	17 000	5 000	20 000	10 000	25%	25%	25%	25%	1	5 000	0%
B 平均水平	2 800	5 800	3 000	10 000	8 000	25%	25%	25%	25%	1	5 000	2%
C 低于平均水平	480	3 480	3 000	8 000	8 000	25%	25%	25%	25%	1	5 000	3%
情景4 企业估值低 员工估值低	IHCPV	FIHCV	CIHCV	未来人力资本收入	现人力资本收入	HRMc-a	HRMc-b	HRMc-c	HRMc-d	IHCVe	现人力资本成本	g(成本增长率)
A 高于平均水平	9 250	14 250	5 000	20 000	10 000	25%	25%	25%	25%	0.875	5 000	0%
B 平均水平	1 450	4 450	3 000	10 000	8 000	25%	25%	25%	25%	0.875	5 000	2%
C 低于平均水平	−580	2 420	3 000	8 000	8 000	25%	25%	25%	25%	0.875	5 000	3%

表 4.4 员工人力资本价值潜力空间计算模拟-发展阶段

情景1 企业估值低 员工估值高	IHCPV	FIHCV	CIHCV	未来人力资本收入	现人力资本收入	HRMc-a	HRMc-b	HRMc-c	IHCVe	现人力资本成本	g(成本增长率)
A 高于平均水平	7 653	12 653	5 000	20 000	10 000	30%	30%	40%	0.8	5 000	0%
B 平均水平	657	3 657	3 000	10 000	8 000	30%	30%	40%	0.8	5 000	2%
C 低于平均水平	(1 208)	1 792	3 000	8 000	8 000	30%	30%	40%	0.8	5 000	3%
情景2 企业估值高 员工估值低	IHCPV	FIHCV	CIHCV	未来人力资本收入	现人力资本收入	HRMc-a	HRMc-b	HRMc-c	IHCVe	现人力资本成本	g(成本增长率)
A 高于平均水平	16 480	21 480	5 000	20 000	10 000	30%	30%	40%	1.2	5 000	0%
B 平均水平	4 986	7 986	3 000	10 000	8 000	30%	30%	40%	1.2	5 000	2%
C 低于平均水平	2 187	5 187	3 000	8 000	8 000	30%	30%	40%	1.2	5 000	3%
情景3 企业估值相等 员工估值相等	IHCPV	FIHCV	CIHCV	未来人力资本收入	现人力资本收入	HRMc-a	HRMc-b	HRMc-c	IHCVe	现人力资本成本	g(成本增长率)
A 高于平均水平	12 067	17 067	5 000	20 000	10 000	30%	30%	40%	1	5 000	0%
B 平均水平	2 821	5 821	3 000	10 000	8 000	30%	30%	40%	1	5 000	2%
C 低于平均水平	490	3 490	3 000	8 000	8 000	30%	30%	40%	1	5 000	3%
情景4 企业估值低 员工估值低	IHCPV	FIHCV	CIHCV	未来人力资本收入	现人力资本收入	HRMc-a	HRMc-b	HRMc-c	IHCVe	现人力资本成本	g(成本增长率)
A 高于平均水平	9 308	14 308	5 000	20 000	10 000	30%	30%	40%	0.875	5 000	0%
B 平均水平	1 469	4 469	3 000	10 000	8 000	30%	30%	40%	0.875	5 000	2%
C 低于平均水平	(572)	2 428	3 000	8 000	8 000	30%	30%	40%	0.875	5 000	3%

表 4.5-1　员工人力资本价值潜力空间计算模拟-成熟阶段(情景 1 与情景 2)

情景1 企业估值低 员工估值高	IHCPV	FIHCV	CIHCV	未来人力资本收入	现人力资本收入	HRMe a	HRMe b	HRMe c	HRMe d	HRMe e	HRMe f	HRMe g	HRMe h	IHCVe	现人力资本成本	g(成本增长率)
A 高于平均水平	119 600	12 4600	5 000	20 000	10 000	20%	20%	10%	10%	10%	10%	10%	10%	0.8	5 000	0%
B 平均水平	56 640	59 640	3 000	10 000	8 000	20%	20%	10%	10%	10%	10%	10%	10%	0.8	5 000	2%
C 低于平均水平	43 584	46 584	3 000	8 000	8 000	20%	20%	10%	10%	10%	10%	10%	10%	0.8	5 000	3%
情景2 企业估值高 员工估值低	IHCPV	FIHCV	CIHCV	未来人力资本收入	现人力资本收入	HRMe a	HRMe b	HRMe c	HRMe d	HRMe e	HRMe f	HRMe g	HRMe h	IHCVe	现人力资本成本	g(成本增长率)
A 高于平均水平	184 400	189 400	5 000	20 000	10 000	20%	20%	10%	10%	10%	10%	10%	10%	1.2	5 000	0%
B 平均水平	88 960	91 960	3 000	10 000	8 000	20%	20%	10%	10%	10%	10%	10%	10%	1.2	5 000	2%
C 低于平均水平	69 376	72 376	3 000	8 000	8 000	20%	20%	10%	10%	10%	10%	10%	10%	1.2	5 000	3%

表 4.5-2　员工人力资本价值潜力空间计算模拟-成熟阶段(情景 3 与情景 4)

情景3 企业估值相等 员工估值相等	IHCPV	FIHCV	CIHCV	未来人力资本收入	现人力资本收入	HRMe a	HRMe b	HRMe c	HRMe d	HRMe e	HRMe f	HRMe g	HRMe h	IHCVe	现人力资本成本	g(成本增长率)
A 高于平均水平	152 000	157 000	5 000	20 000	10 000	20%	20%	10%	10%	10%	10%	10%	10%	1	5 000	0%
B 平均水平	72 800	75 800	3 000	10 000	8 000	20%	20%	10%	10%	10%	10%	10%	10%	1	5 000	2%
C 低于平均水平	56 480	59 480	3 000	8 000	8 000	20%	20%	10%	10%	10%	10%	10%	10%	1	5 000	3%
情景4 企业估值低 员工估值低	IHCPV	FIHCV	CIHCV	未来人力资本收入	现人力资本收入	HRMe a	HRMe b	HRMe c	HRMe d	HRMe e	HRMe f	HRMe g	HRMe h	IHCVe	现人力资本成本	g(成本增长率)
A 高于平均水平	131 750	136 750	5 000	20 000	10 000	20%	20%	10%	10%	10%	10%	10%	10%	0.875	5 000	0%
B 平均水平	62 700	65 700	3 000	10 000	8 000	20%	20%	10%	10%	10%	10%	10%	10%	0.875	5 000	2%
C 低于平均水平	48 420	51 420	3 000	8 000	8 000	20%	20%	10%	10%	10%	10%	10%	10%	0.875	5 000	3%

　　在当今日益复杂和动态的商业环境中,准确计算和预测人力资本价值及其潜力成为组织面临的一大挑战。人力资本的复杂性和其受到多变环境条件影响的特性,使得传统的计算方法往往难以捕捉其全貌,尤其是在预测其未来价值方面。然而,随着人工智能(AI)技术的发展,这一局面有望得到改善。AI工具的引入不仅能够提升计算的准确性,还能够处理大量的数据,捕捉人力资本价值创造的各种因素,包括那些传统方法难以量化的非直观因素。如 Lukovac 等学者在 2017 年提出的神经模糊逻辑技术就是一个很好的例子,这种技术结合了神经网络的自我学习能力和模糊逻辑处理不确定性信息的能力,为评估和预测人力资本价值提供了新的途径。这种允许不确定性的神经模糊模型可以通过分析人力资源的组合来评估代表人力资本价值的关键能力,从而提供更为精确和全面的价值预测。

通过利用员工的个人数据和工作表现数据,如工作效率、技能、经验和潜在能力等,AI 技术能够在分析中应用复杂的算法,实现对人力资本价值的量化评估。这种方法不仅能够提供当前价值的快照,还能够预测未来的潜在价值,为组织在战略规划、人才发展和资源配置等方面的决策提供有力支持。随着适用于人力资源管理的 AI 工具不断发展和完善,组织将能够更有效地计算和预测人力资本价值及其潜力。这不仅有助于优化人力资源管理实践,提高组织的竞争力,还能够为员工提供更为个性化和发展性的职业规划,促进员工成长和提高员工满意度,进而推动组织的整体发展。

综上所述,AI 技术在人力资本估值和预测方面的应用,将为组织提供一个更加动态、全面和准确的分析框架。通过深入分析员工的个人特质和工作表现,结合市场和组织内部的环境变化,AI 工具能够提供关于人力资本价值及其潜力的深刻洞察,从而为组织的长远发展和战略决策提供坚实的数据支撑。这些技术的进一步发展和应用,预计将会对人力资源管理领域带来革命性的变化。

第五章

未来企业及人力资源管理者的破局思维

在数智时代,企业和人力资源管理面临着前所未有的挑战和机遇。这一时代的本质在于数据和智能技术的深度融合,从而对人力资源管理的价值链、管理模式、人力资本的转型以及价值计算方式都提出了新的要求。这些变革不仅推动了人力资源管理的创新,也为企业在激烈的市场竞争中破局提供了新的思路和工具。

首先,数智化时代对人力资源新价值链的塑造提出了挑战。在这一背景下,人力资源管理的价值链不再仅仅是传统的招聘、培训、考核和离职等环节的简单堆砌,而是需要通过大数据分析、云计算、人工智能等技术手段,实现对人才的精准匹配、动态管理和持续发展。这要求人力资源管理者不仅要具备传统的管理知识和技能,还需要掌握数据分析、信息技术等新兴技能,以便更好地捕捉和利用数据中蕴含的价值。其次,数智化时代加速了人力资源管理的转型。从过去的以行政事务为主向到战略伙伴为导向的转变,人力资源部门的角色和功能发生了根本性变化。在这一转型过程中,人力资源管理不再是单纯的人事管理,而是成为企业战略实施的关键力量。通过运用智能技术,人力资源管理可以更有效地支持企业战略,促进组织结构、文化和业务流程的优化。再次,数智时代对中国的劳动关系带来了深刻的影响和变化,这些变化不仅体现在劳动市场的结构调整上,还涉及劳动关系的本质改变、劳动者技能需求的转变以及工作环境的重新定义等方面。随着大数据、人工智能、云计算等技术的广泛应用,对劳动者的技能要求发生了显著变化。传统的重体力劳动和简单重复性任务逐渐被机器自动化取代,而对数据分析、编程、系统设计等高技能劳动的需求显著增加。这要求劳动者提升自身的技能和知识,以适应新的工作需求。

数智时代的发展还促进了远程工作、灵活工作时间等新型工作模式的出现,这对传统的劳动关系构成了挑战。例如,远程工作模式使得劳动者和雇主之间的地理界限变得模糊,这可能需要对劳动合同、劳动保护、社会保障等方面的法律法规进行相应的调整和完善。此外,数智技术的应用推动了产业升级和结构调整,一些传统行业和职业可能会逐渐萎缩,而新兴的数字经济领域则快速增长。这种变化对劳动市场产生了深远影响,劳动者需要不断地学习新技能,以适应劳动市场的变化。最后,人力资本的价值评估和优化也在数智化时代迎来了新的发展。在知识经济的浪潮中,伴随人才竞争愈发激烈,人力资本已转变为企业珍贵的资产。精准评估及有效提升人力资本价值成为企业瞩目的核心议题。在这样的大背景下,传统的依靠经验和直觉进行的人力资本评估方法日渐走向僵局,亟需融入更科学化、精细化的计量模型。借助大数据与人工智能技术,企业得以深入挖掘员工的潜在价值和绩效贡献,为人才培育和激励机制的构建提供坚实的数据支撑。数字化时代为企业及人力资源管理带来了革命性的改变。深入探索人力资源新价值链的打造、人力资源管理的革新、人力资本的转型及其价值计算等多维领域,为未来商业格局和人力资源管理的突破奠定了稳固的基础。面向未来,企业与人力资源管理者须不懈追求创新,把握数字化时代的新技术与新理念,推动人力资源管理向着更高效率、更高智慧、更具战略深度的方向演进。

人口结构的变化

值得注意的是,我们需要多维度地去看待数智化转型,因为除了我们之前提到的种种内外部因素以外,劳动力市场也在变化,尤其是人口结构的变化。这一变化要求企业和人力资源管理之必须采取破局思维,以应对和适应即将到来的变革。预计到 2030 年,婴儿潮一代将年满 65 岁或达到 65 岁以上,这不仅预示着社会面临知识与技能传承的紧迫任务,也意味着企业必须调整管理策略以适应一个多代际共存的职场环境。面对婴儿潮一代的退休潮,企业可能会经历一次经验丰富的员工流失浪潮。因此,人力资源管理者必须制定有效的知识传承计划,确保宝贵的经验和技能能够被年轻一代员工所继承。同时,随着由婴儿潮一代、X 世代、新生代以及 Z 世代组成的多元化工作团队的出现,理解和尊重各个世代的工作偏好、沟通风格和价值观成为促进跨世代合作和沟通的关键。

此外,随着年轻一代成为劳动市场的中坚力量,他们对于工作的期望和价值观可能与前辈有所差异。企业需要提供更为灵活的工作安排并重视工作与生活的平衡,以吸引和留住这批人才。同时,技术的快速进步要求员工不断学习新技能,企业和人力资源管理者需要倡导终身学习的文化,为员工提供持续的学习和发展机会。员工的心理健康和福祉也日益受到企业的重视。因此,提供心理健康支持和建立一个包容支持性的工作环境是吸引和保留人才的关键。与此同时,企业和员工都需要适应数字化转型和技术革新带来的新要求,这需要人力资源管理者引领和支持技术培训和发展,确保员工能够适应新的工作方式和工具。

综上,婴儿潮一代的退休和新一代的崛起将迫使企业和人力资源管理者采取新的思维方式,重新审视和调整他们的管理实践和战略规划,以更好地适应人口结构的变化以满足未来工作环境的需求。这要求他们不仅要关注组织的即时需求,还要积极预见和准备迎接未来可能带来的挑战和机遇。

数据结构的变化

　　《麻省理工科技评论》在一篇名为《构建高性能数据和人工智能组织》的文章中指出，得益于云平台的广泛应用，未来两年内，组织在数据优先事项上的重点将集中在以下三个主要领域：改进数据管理、增强数据分析与机器学习能力、对各类企业数据（包括流数据和非结构化数据）的广泛使用。这些优先事项反映出企业当前对数据技术的关注焦点和发展趋势。文章中还强调了在技术驱动下，以数据为核心的工作文化的形成问题。首席数据官们还特别强调了将分析和机器学习能力普及化的重要性。这种能力，结合先进的数据技术，能够使终端用户做出更加明智的商业决策，成为构建强大数据文化的关键。这样的转变，只有在现代化的数据架构中才能实现。一位首席数据官指出，当用户能够迅速获取到合适的数据并从中提出推动商业价值的洞见时，数据管理才能被视为成功。

　　此外，尽管机器学习在商业中的潜在影响巨大，但其在端到端生命周期管理的复杂性限制了其影响力。对许多组织来说，如何扩展机器学习应用的使用极其复杂。有55％的受访者表示，最大的挑战是缺乏一个中心化的位置来存储和发现机器学习模型。这一缺陷，加上数据科学到生产阶段的易错交接和缺乏熟练的机器学习资源（39％的受访者提到了这两点），凸显了在机器学习、数据和商业团队之间实现协作的重大困难。组织在未来两年内寻求支持数据管理、分析和机器学习的云原生平台。对于在实现数据战略上遇到困难的"低成就者"组织来说，改善数据管理是首要任务，占此类组织的59％。与此相反，大多数"高成就者"（占53％）则更加专注于推进他们的机器学习用例。在未来数据架构战略中，开放标准成为最关键的需求。如果受访者能为他们的业务构建新的数据架构，采用开源标准和开放数据格式将是相对于现有架构的最大优势。数据领导者现在更加认识到开源标准在加速创新和选择最佳第三方工具时的价值。不出所料，更强的安全性和治理也是受访者要求列表上的首要考虑因素。

人机交互与个人潜力的变化

在当今科技进步的语境中,人机交互模式的研究已经攀升为一个备受瞩目的焦点议题。然而,针对这一领域的共识尚未形成。这主要是因为不同学者在探讨人机交互时所侧重的主题与维度各异,这种多角度的研究取向催生了对于人机交互模式的多元理解。比如,部分学者将研究重点放在智能机器固有的属性上,如其单一主体性特征,以及这些属性如何塑造人机交互的过程。与此同时,更多学者采取宏观的互动视角,探讨人类与智能机器双方是如何共同塑造并推动交互模式演化与发展的。这种差异性体现了人机交互模式研究的复杂性和多维性。

Sowa 等在 2021 年的研究中提出了四种人机交互模式:人类和智能机器独立完成任务(竞争或分开工作)、人类和智能机器互补完成工作(相互补充)、人类和智能机器相互依赖完成工作(相互依赖)、人类和智能机器混合完成工作(两者的混合)。这一分类体现了人机交互在协作性质上的不同可能性。另一方面,Li 等学者在 2022 年通过实证研究确定了四种人机交互模式:相互依赖的开发(interdependent exploitation)、独立的开发(independent exploitation)、相互依赖的探索(interdependent exploration)、独立的探索(independent exploration)。这些模式反映了人机之间探索性互动的不同方式。何江和朱黎黎在 2023 年根据员工和智能机器自利和共利导向,识别了四中人机交互模式,分别是人机偏害共生(如全自动机器人)、人机互利共生(如医疗保健机器人)、人机竞争吞噬(如无人工厂)、人机偏利共生(如搬运机器人)。这一分类更侧重于人机之间关系的性质和目标的共享。尽管这些研究提供了对人机交互模式的多角度理解,但目前尚未形成一个完整和统一的理论体系。

这表明,人机交互模式的研究仍然处于探索阶段,需要更多的实证研究和理论构建来支撑。未来的研究应该集中于理解人机交互在不同场景下的具体表现,探索如何优化人机协作,以及如何利用人工智能技术提升人机交互的效率和效果。通过这些研究,我们可以期待在未来形成一个更加全面和深入的人机交互模式理论体系,为技术创新和应用提供指导。

随着人工智能和机器学习技术的迅速发展,学者们越来越关注这种交互如何影响员工的认知和情感体验,尤其是在非遗传影响人力资本潜力的背景下。

Jarrahi 等在 2018 年的研究中指出,人机交互对员工的自主知觉产生了显著的影响,这种影响在自主性的获得和感知方面表现得尤为明显。工作中的自主性,是指员工能够自行安排和控制工作的程度,这一特征对于员工的满意度和生产力有着直接的影响。智能机器的管理,尤其是在零工经济中,为工作者提供了前所未有的灵活性。在线劳动平台的智能机器驱动管理,使得零工经济工作者能够在时间和地点上享有更大的自主性,从而提升了他们的工作体验和满意度。这种灵活性和自主性的增强,表明了智能机器对人力资本潜力的积极影响。学者 Wesche 和 Sonderegger 在 2019 年关于《当计算机掌舵:领导力的自动化》一文中也提到了,技术的进步正在重新塑造领导角色,使得计算机开始在管理流程中发挥更大的作用。这种变化要求组织结构变得更加灵活和动态,以适应快速的决策和变化。相应地,员工的角色和技能需求也在发生转变,新环境要求员工不仅要掌握必要的技术知识,还需要具备更强的解决问题、创新和人际沟通能力。随着技术在领导和管理中的角色日益重要,领导力的定义和实践也面临着重新思考的需求。现代领导者需要学会有效利用技术工具来支持决策和管理,同时还要能够在更自动化的工作环境中激发团队的创造力和维护人性化工作环境。此外,计算机在领导角色中的增加使用也引发了伦理和道德方面的考量,确保自动化系统的决策过程既公正又符合道德标准成为设计和实施这些系统时的关键考虑因素。

　　然而,智能机器的管理过程并非完美无缺,它的管理通常涉及复杂的规范与规则,而这些规则的制定往往缺少清晰透明度,使得智能机器的管理行为显得像"黑匣子"一样神秘。这种缺乏透明性的情况,不仅可能阻碍员工对自身工作自主权的认知和实施,还可能引起对智能机器管理动机和操作的误读。因此,智能机器管理的双重性变得尤为明显:一方面,它提供了更高的工作灵活性和更强的自主性;另一方面,它也可能导致管理过程的不透明性,从而对员工的自主知觉产生负面影响。此外,智能机器管理的这种双重性也对组织和人力资源管理者提出了新的挑战。他们需要在促进工作灵活性和自主性的同时,确保智能机器管理过程的透明度和公正性,以避免对员工产生负面影响。这可能需要开发新的管理策略和工具,以及建立更为开放和包容的沟通渠道,从而确保智能机器管理过程既能促进员工自主性,又能保持足够的透明度和可解释性。因此人机交互对员工认知和情感体验的影响是多方面的,既包括对工作自主性的正面影响,也包括由于管理过程不透明性而产生的潜在挑战。未来的研究和实践需要更深入地探讨这些影响,以及如何在增强人力资本潜力的同时,克服智能机器管理可能带来的问题。

尽管有研究显示智能机器对员工自主性有一定的积极影响,大多数学者仍倾向于认为,智能机器对员工自主性知觉产生的是负面影响。这种负面影响主要是因为,在线工作平台虽然表面上提供了工作的自主性,但实际上这种自主性往往只是表面的,甚至可以被视为一种幻觉。智能机器管理通过一套预设的规则来指导员工的工作,这些规则包括工作方法、路线选择、截止日期等,员工必须按照智能机器的要求完成任务才能获得相应的补偿。如果不遵守这些规则,员工不仅可能会受到智能机器的负面评价,还可能面临惩罚,甚至是被智能机器"解雇"的风险。

Gagné 等在 2022 年的研究中提出,这些预设规则可能会限制员工的自主性,因为员工的工作选择和决策空间受到了限制。此外,智能机器的管理和监控也可能引发员工对工作不安全感的担忧,特别是对于技能水平较低的工人,他们可能会对智能机器的广泛使用产生负面反应,认为这对他们的工作安全构成了重大威胁。而对于技能水平较高的工人,他们对智能机器的看法可能较为积极,认为这为他们提供了技能扩展的机会。Chao 和 Kozlowski 在 1986 年的研究发现了低技能工人和高技能工人对智能机器使用的不同反应。这种差异反映了员工对智能机器带来的机遇和挑战的不同认知。Wang 等在 2019 年的研究进一步指出,大规模使用工业机器人可能会对员工产生多方面的工作不安全感,包括对工作替代的担忧、过度竞争和薪资晋升的不安全感。他们还发现,员工的专业能力和学习能力的提高可能会缓解这种不安全感,表明员工的能力提升和适应能力对于缓解智能机器带来的负面影响至关重要。

由此可见,智能机器对员工自主性的影响是复杂且双面的。一方面,智能机器的管理和监控可能限制员工的自主性和决策空间,引发工作不安全感;另一方面,对于具备较高技能水平的员工来说,智能机器的使用也可能被视为扩展技能和提升职业发展机会的途径。因此,未来关于智能机器与人力资源互动的研究需要进一步探索如何平衡这种双重性,确保智能机器的管理既能提高工作效率,又能维护员工的自主性和工作满意度。

在当今日益智能化的工作环境中,智能机器对员工情感体验的影响成为研究的热点。尽管智能机器带来了效率和便利,它们对员工情感的影响却是双刃剑。Kellogg 等在 2020 年的研究中深入探讨了智能机器控制的六个主要机制——限制、建议、记录、评分、替代和奖励——以及这些机制如何成为员工产生负面情绪如沮丧和焦虑的重要原因。智能机器提出的难以理解的建议往往让员工感到沮丧,因为这种建议可能超出了员工的理解范围或与他们的工作实践相违背。此外,智能机器的记录功能可能引起员工对数据收集的准确性和隐私保护的担忧,而智能机器的评级制度则可能让员工担心评价标准的公正性和可能产生的歧视性结果。智能机器奖励系统的不透明性和快速反馈循环也可能给员工带来更多的不确定性和压力,因为员工可能难以理解奖励的标准或感觉自己难以控制获得奖励的可能性。

然而,智能机器对员工情感的影响并非全是负面的。有研究表明,在某些情境下,智能机器的控制机制实际上可能对员工的情感体验产生积极影响。例如,当管理者通过智能机器施加富有创意的激励措施时,这可以显著地增强员工的积极情感体验。这样的奖励机制不仅能够激发员工的动力,还能提高他们在工作中的乐趣和参与感,进而促使员工对工作持有更加积极的态度。这些研究成果揭示了智能机器在现代工作场所中扮演的复杂角色,它们不仅改变了工作流程,也深刻影响了员工的心理和情感状态。因此,管理者和设计者在设计和实施智能机器时,需要更加细致地考虑其对员工情感体验的影响。通过优化智能机器的交互设计,提高其透明度和可解释性,以及建立更加公正和激励的评价与奖励机制,可以帮助减少员工的负面情感体验,同时增强其工作满意度和提高其工作积极性。

总之,智能机器对员工情感体验的影响是多维度的,既包括负面影响也有积极潜力。未来的研究需要继续探索如何平衡这些影响,以及如何设计和部署智能机器,以促进更健康、更积极的工作环境。通过这种方式,智能机器可以成为提升工作效率和员工福祉的有力工具。

人机交互对员工态度和激励体验的影响是复杂且多面的,这一领域的研究揭示了智能机器在提高工作效率和决策质量方面的潜力,同时也指出了其可能带来的挑战和问题。就员工态度而言,智能机器虽然能够通过高效、优化和数据驱动的方式做出决策,但员工对于智能机器的接受程度却呈现出明显的两极分化。一方面,员工可能因为智能机器的"黑匣子"本质,设计上的缺乏透明性,而表现出对智能机器的厌恶。这种厌恶感源于对智能机器决策过程不可见、不可理解的担忧,员工可能担心自己无法掌握智能机器的运作逻辑,从而对其产生不信任感。另一方面,智能机器在做出客观、无偏见决策方面的能力也受到赞赏。Logg 等在 2019 年的研究显示,人们在面对预测任务时,更倾向于接受智能机器的建议,认为智能机器做出的决策是中立、理性和客观的。在员工激励方面,现有的研究对智能机器管理对工作激励的影响探讨较少,且尚未形成一致的看法。一些研究指出,智能机器管理可能会降低员工的工作热情,甚至导致员工失去工作激励。这种情况往往发生在智能机器替代人类决策时,员工可能感到自己的价值和能力被边缘化,从而影响其工作的积极性和投入度。

笔者认为,随着技术的不断发展,尤其是生成式人工智能技术如 Google 的 Gemini 和 OpenAI 的 GPT 4.0 在 2023 年的出现,为组织提供了新的战略机遇。这些技术不仅改善了组织的效率和效能,也促使管理层重新思考组织的潜力。这些先进的技术工具有可能重新定义员工和组织的工作方式,开辟新的战略路径,为组织带来前所未有的潜力。尽管当前的学术研究主要集中在人机交互对人力资本的直接影响上,但智能工具对于激发员工潜能和促进组织发展的长远潜力仍值得深入探讨。未来的研究需要进一步考察智能机器如何影响员工的工作态度和激励体验,以及如何通过智能技术的合理应用,最大化员工和组织的整体潜力。通过深入理解和应对这些挑战,组织可以更好地利用智能技术,实现人机协同,促进人力资本的发展和组织的创新。

遗传因素在决定个体的人力资本潜力方面起着至关重要的作用,这一观点得到了众多研究的支持。例如,Plomin 等在 1994 年通过对一对一卵双生子的遗传特征进行的广泛研究发现,个体成功的 32% 到 62% 可以归因于基因因素,而剩余的部分则由环境和个人特质等非遗传因素所影响。随后的研究进一步探讨了遗传与环境因素如何共同塑造个体在教育和职业成就上的差异。Rimfeld 等在 2018 年的研究中指出,这种影响会随着社会变迁而发生变化,如在苏联解体后的爱沙尼亚,一个趋向精英主义的社会体制下,遗传因素在解释人们的教育和职业成就方面的作用更加显著。Belsky 等在 2018 年的研究中进一步测试了与教育相关的多基因分数是否能预测美国、英国和新西兰五个纵向研究中 2 万名个体的社会流动性。结果表明,那些拥有较高多基因分数的参与者在教育和职业上取得了更大的成功,积累了更多的财富,并更有可能实现社会阶层的跃迁。

尽管这些研究为理解基因对人力资本潜力的影响提供了宝贵的见解,但目前关于"哪些具体基因影响人力资本潜力"这一问题的研究仍然较为有限。情感和个性特质作为基因表达的重要方面,对于探索基因如何影响人力资本潜力具有关键意义。我们后续的研究旨在通过分析员工的个性特质、情感反应和激素水平等关键因素,深入探讨基因如何塑造个体的人力资本潜力。特别地,在研究中,我们还发现了调节焦点这一特质对人力资本潜力的影响。调节焦点理论阐明了个体在与外部环境互动时展现出的两种基本倾向:促进焦点和防范焦点。那些具有促进焦点的个体往往采取积极、目标驱动的策略,力求最大化正面成果;而具有防范焦点的个体则更趋向于保守、回避导向的策略,目的是规避潜在的负面后果。

在人机交互的背景下,这种个性特质可能对员工的反应产生显著影响。具有促进焦点的员工可能以乐观的态度面对智能机器,积极探索人机协作的可能性,而具有防范焦点的员工可能更多地感受到威胁,倾向于采取防御性措施,如对智能机器的抗拒,从而可能增加人机之间的冲突。因此,基因在塑造个体的人力资本潜力方面扮演着关键角色,同时个性特质、情感和激素水平等非遗传因素也对个体的职业成就和社会流动性产生重要影响。对这些遗传和非遗传因素的深入研究,不仅能够丰富我们对人力资本潜力的理解,还能为优化人机交互设计提供科学依据,最终促进个体和组织的发展。

随着机器学习技术的飞速发展,智能机器不仅能够快速学习和提升自身能力,还开始挑战那些传统上被认为只能由人类执行的复杂任务。这一变革不仅体现了智能机器在人力资本领域的潜在应用,也引发了对未来工作形态和人类劳动力角色的广泛思考。智能机器的崛起可能导致人类对劳动过程的掌控度减弱,引发所谓的"工作下降"现象,进而促使人们体验到失业的恐惧和工作安全感的缺失。这种不安全感来源于对未来投资人力资本可能无法获得预期回报的担忧,因为智能机器的高效能和低成本使得人力资本在某些领域失去了其固有的竞争优势。在这种背景下,人们可能会担忧即便是加大对教育和培训的投入,也难以在与智能机器的竞争中获胜。这种观点认为,即使教育体系对人力资本进行更多的投资,也无法确保人类劳动力在与机器的竞争中取得优势,从而导致对人力资本投资的信心下降。因此,面对未来潜在的风险和不确定性,人们可能会选择增加储蓄作为应对策略,从而产生对人力资本投资的挤出效应。

然而,另有研究提出,新技术带来的挑战反而可能成为促进人们关注教育和培训、提升个人技能的催化剂。面对智能机器可能替代的职位,人们可能更倾向于采取积极的态度,通过不断学习和技能提升来迎接挑战,以维持在未来劳动市场中的竞争力。从这个角度看,对人力资本的投资将是提高个体适应未来工作需求的关键,如通过学习最新的知识和技能,个人能够在智能化的工作环境中更好地定位自己和发挥作用。因此,尽管智能机器的发展可能在短期内引发对人力资本价值和投资回报的担忧,长远来看,这一挑战也提供了推动教育革新、促进技能提升和重塑劳动力市场的机会。未来的关键在于如何平衡智能机器的应用与人力资本的发展,确保通过持续的学习和技能提升,人类劳动力能够在智能化时代中找到新的定位和价值,从而实现人机和谐共生的理想工作环境。

随着智能机器技术的持续进步和广泛应用,企业利用它来降低运营成本、提升工作效率,以此推动增长的核心目标愈发凸显。然而,这项技术革新也对员工产生了深远的影响,尤其是在他们对于劳动过程的控制感、职业稳定性和心理与身体健康等方面。智能机器的替代风险不仅让员工担忧自己的工作岗位可能会被机器取代,还迫使他们在工作中更加努力和迅速,有时甚至面临过度工作的压力。此外,智能机器的引入需要员工适应复杂的新技术和系统,这一过程往往伴随着学习压力和适应焦虑,进一步增加了员工的心理负担。智能机器的运用不仅涉及技术学习,还包括员工与机器的协作,这一过程中的技术干预可能会导致员工行为受到持续监控,隐私受到侵犯,从而身心压力加剧。同时,为了跟上智能机器相关知识的更新速度,员工必须不断更新自己的专业知识,这种持续的学习需求可能会使员工感到不适应,增加他们在职责分配上的困扰和时间压力。

以往的研究已经揭示,技术压力不仅影响员工的个人福祉,还可能损害其任务绩效。这是因为,长期的技术压力会使员工感到能力不足,产生负面情绪和对新技术的心理抵抗,阻碍有效的人机协作,最终导致工作效率的下降和工作倦怠。然而,智能机器在提升工作效率和质量方面的潜力亦不容忽视。智能机器减少了重复性和潜在危险的任务,释放了员工的认知、情感和心理资源,使他们能够专注于更有挑战性和自主性的工作,激发工作热情。智能机器提供的信息和数据分析支持,使员工能够专注于核心任务,减少对琐碎细节的关注,从而减轻工作疲劳,提升有意义的工作体验,进而提高工作投入和绩效。

此外,智能机器使员工能够将所学知识应用于自主决策、整合信息和构建工作流程等关键任务,这对解决复杂问题至关重要。因此,本书认为,合理使用智能机器,可以增强员工感受到的组织支持,感知到的组织支持作为一种重要的工作资源,能够增强个体应对日常压力的情感和心理资源,从而激发更多的角色内和角色外积极行为,如任务绩效、创新和组织公民行为。所以,智能机器对员工的影响是双面的,既有挑战也有机遇。为了最大化智能机器的积极效应,组织和管理者需要采取措施,提供足够的培训和支持,帮助员工克服技术压力,同时优化人机协作模式,确保智能机器的应用能够真正提升员工的工作体验和绩效。

企业及人力资源管理者的未来破局思维

寻找员工潜力触发点

在深入探讨如何激发员工的潜在能力时,我们意识到,生活中众多微妙而强大的触发因素共同塑造了每个个体不同的成长轨迹。这些触发因素不仅引导我们走向未知,挑战极限,还在无形中激发我们内在的创新精神和解决问题的能力。不过个人的潜力开发的触发点还是可以归纳与总结的,关键在于企业以及人力资源管理者是否能够通过管理手段发现并且归纳它。如果想更进一步地捕获准确的信息,或许可以借助数智化的手段。我们认为,以下可能是员工潜力的几个触发点:

①挑战与困难是成长和进步不可或缺的组成部分。正如埃隆·马斯克在SpaceX的早期面临的种种挑战,那些似乎难以逾越的障碍实际上成为他创新和坚持的动力。正是这些困难促使马斯克不断探索未知,将人类在太空生活这一伟大梦想向前迈出了一大步。这一过程不仅见证了个人潜力的释放,也启示我们面对困难时的正确态度:将其视为成长的机会。

②好奇心和探索欲则像是心灵的火种,不断引领我们去探索未知的领域。玛丽·居里对放射性元素的深入研究,正是出于对未知世界的好奇和探索欲。她的发现不仅为科学界带来了革命性的进步,也证明了好奇心是推动人类知识前进的重要动力。居里夫人的故事启示我们,保持对世界的好奇和热情,是认识世界、发现自我、实现潜力的关键。

③反馈和评价,尤其是来自外界的建设性反馈,是我们成长过程中的重要指引。勒布朗·詹姆斯的篮球生涯充分展示了这一点。通过不断地分析比赛、倾听教练和队友的反馈,他能够持续优化自己的技能,保持在竞技状态的最前沿。这一过程强调了外界反馈在个人发展中的作用,提醒我们在追求卓越的道路上,要学会倾听、接受并利用外界的反馈。

④目标设定则为我们的努力提供了方向和动力。J. K. 罗琳通过设定创作一个引人入胜的魔法世界的目标,激励自己完成了《哈利·波特》系列,创造了全球文学史上的奇迹。罗琳的经历告诉我们,清晰的目标是实现梦想的重要一步,它能够激发我们内在的动力,引领我们向着目标前进。

⑤自我效能感,或对自己能力的信念,是克服困难的重要心理资源。马拉

拉·优素福·扎伊在争取女性教育权利的斗争中,就展现了非凡的勇气和坚定的自我效能感。她的故事激励我们,在面对挑战和困难时,要相信自己的能力,坚持自己的信念,最终能够实现改变。

⑥社交互动和合作是激发创新和学习的重要途径。苹果公司的成立和发展,就是乔布斯和沃兹尼亚克之间密切合作的结果。他们的故事强调了合作在实现共同目标过程中的价值,提醒我们在追求创新和进步的道路上,要学会与他人合作,共享知识和经验。

⑦情绪管理在我们追求成功的旅程中扮演着关键角色。新西兰前总理杰辛达·阿德恩在国家面临危机时展现的领导力,正是优秀情绪管理能力的体现。她的冷静和同理心不仅赢得了人民的信任,也证明了情绪管理对于有效领导和面对挑战至关重要。

⑧一个充满支持和资源的环境对于激发潜力和促进创新具有不可估量的价值。硅谷的成功就是最佳证明,它的开放文化和丰富资源吸引了全球的创业者和创新者,孕育了无数科技创新和成功企业。这告诉我们,要想实现潜力的最大化,寻找或创造一个支持性的环境是非常关键的。

通过对员工潜力触发点的归纳,我们可以看到,挑战与困难、好奇心与探索欲、反馈与评价、目标设定、自我效能感、社交互动与合作、情绪管理,以及一个支持性的环境,这些都是激发个人潜力、推动成长和实现创新的重要触发因素。理解这些因素如何在员工的生活和工作中发挥作用,将有助于企业和人力资源管理者更有效地利用这些资源,释放员工的潜力,实现企业效率和效能质的飞跃。

制定提升员工潜力的政策

目前有诸多研究证实了加强员工记忆力是提升个人潜能的基础,特别强调知识提取和重整的重要性。而在企业以及人力资源管理中,增强员工知识提取和重整,直接影响员工的创新力,因为知识在记忆的有效提取和灵活重整能够促进思维的更新和新创意的孕育。员工通过过往经验,并结合新的信息和观点,能够推动个人及组织的成长。

目前许多公司如谷歌、苹果和微软等会通过实施一系列精心设计的政策和措施,营造强调认知健康和持续学习的工作环境。例如,通过提供专业课程、工作坊和研讨会等丰富的学习资源,以及强调主动回忆和间隔重复等学习技巧,公司有效提升了员工的记忆巩固和提取能力。跨职能培训的机会进一步增强了员工对业务不同方面的理解,激发了认知灵活性和记忆整合。与此同时,这些公司还非常重视员工的健康与福利,推广良好的作息规律和灵活的工作时间安排,为员工提供了充分休息的可能,这对维护记忆功能和认知能力至关重要。此外,通过提供健身设施和身体活动项目,以及心理健康资源、正念训练和减压工作坊,公司帮助员工有效管理压力,维护大脑健康和创造力。而且他们在饮食方面也下了功夫,通过食堂和自动售货机提供大脑健康食品的信息和选择,确保员工能够轻松获取有益大脑的营养。通过鼓励定期休息和进行正念练习,并提供专门的安静区域,公司帮助员工预防认知疲劳,同时在休息期间加强记忆巩固和创造性思维。

Intuit 公司的正念项目

Intuit 是北美一家提供财务软件的公司,旗下产品包括 QuickBooks、TurboTax 和 Mint 等,这些产品旨在帮助个人和小企业管理财务、处理税务和进行财务规划。作为一家技术驱动的公司,Intuit 深知创新的重要性,并始终致力于创建一个支持员工创新、合作和个人成长的工作环境。该公司引入正念项目的初衷是基于对员工整体福祉的深切关怀以及对公司长远发展的战略考虑。他们认为,通过支持员工的个人发展和心理健康,可以创造一个更具创新力、更加高效和更具凝聚力的工作环境。正念项目不仅是公司福利政策的一部分,也是其企业文化和价值观的体现,强调人本主义、持续学习和创新。

Intuit 的正念项目通过帮助员工更好地应对工作和生活中的压力,进而解放他们的潜能。通过减少焦虑和压力,员工可以更加专注于任务,提升工作效率。长期而言,这种精神上的平衡和专注力的提升为个人潜力的进一步开发创造了条件,使员工能够更加深入地探索和实现自己的职业目标和个人愿景。

而且员工在工作中的创新往往源自能够看待问题和挑战的新视角。Intuit 通过员工的正念练习鼓励员工在面对问题时保持开放和接纳的态度,这有助于突破传统思维模式的限制,激发创新灵感。正念训练通过提高集中力和减少分心,帮助员工在工作中保持更高的注意力水平。这对于信息的编码和存储至关重要,因而直接影响记忆力的效率。集中注意力可以帮助员工更深入地处理信息,从而提高学习的质量和记忆的持久性。此外,正念还被发现有助于管理工作压力,减少因压力导致的认知功能下降,从而保持大脑的最佳工作状态。

此外,很多企业会通过优化工作空间,提供适宜的照明、减少噪声和调整舒适的温度,确保了一个有利于集中注意力和记忆功能的环境。偶尔改变会议地点和鼓励户外会议的做法,为员工提供了新的刺激,促进了认知灵活性和新思维的产生。他们还会通过团队学习会议和协作项目,加强知识和技能的分享,促进社交互动和认知参与。同时,鼓励员工写学习日志或反思日记,以及参与创新挑战、艺术项目或头脑风暴会议,进一步激发员工的记忆重整和创造性思维。

宜家集团:打造激发创新的工作环境

宜家(IKEA)作为全球最大的家具零售商,不仅以其创新的家具设计和自组装产品著称,也在企业文化和工作环境设计方面展现了创新精神。宜家深知优化工作空间对提高员工幸福感、促进创新思维和增强团队协作的重要性。因此,宜家采取了一系列前瞻性的措施来创造一个既促进创意也支持效率的工作环境。

宜家的办公空间设计强调自然光的最大化使用,旨在提供一个明亮且开放的工作氛围。研究显示,充足的自然光不仅能改善员工的心情,还能提高工作效率和促进健康。为此,宜家的办公室设计采用了大面积的窗户,确保自然光能够深入工作区域。此外,宜家的工作空间布局旨在减少噪声干扰,通过创造多样化的工作区来满足不同员工的需要,从而提供了安静的思考空间和适于协作的公共区域。例如图中的虚拟会议舱——用于通过数字解决方案进行快速通话和会议的小房间。安静的"家",配有软座椅,可以伸展身体,独自反思。

除了物理环境的优化,宜家还重视通过组织活动来促进团队之间的沟通和合作。公司定期举办户外会议和团队建设活动,不仅强化了员工之间的联系,也激发了创新思维。这些活动通常在自然环境中进行,比如在公园或海边,旨在通过改变日常环境来刷新人们的思维和视角。此类活动不仅促进了团队精神,还帮助员工跳出常规思维框架,激发新的想法和解决方案。

宜家还通过促进知识分享来增强团队的创新能力。公司鼓励员工通过工作坊、研讨会和非正式会议分享他们的知识和经验。这种跨部门的知识交流为员工提供了学习新技能的机会,同时也促进了跨领域的创新合作。宜家认识到,不同背景和专业的员工之间的互动是激发创新的强大动力。

图5.1　宜家集团新加坡公司工作区域

此外,宜家还注重培养一种包容和支持的企业文化,鼓励员工提出创新的想法并对现有流程提出挑战。公司为员工提供了必要的资源和支持,以将这些创新想法转化为实际项目。这种文化不仅促进了员工的个人成长,也为宜家带来了持续的业务创新。

当然,在当今的企业环境中,绩效反馈机制和提升员工的数字化能力已成为提高组织竞争力的关键策略。有效的绩效反馈系统不仅评估员工的过去表现,更重要的是,它作为一种激励机制,能够明确地为员工指出成长的路径。这种反馈机制的效果在于其具体性、时效性以及双向性。管理层不仅提供对员工表现的评价,而且鼓励员工就工作环境和职业发展提出自己的看法。这样的互动有助于员工更加明确自己的优势和需要改进的地方,从而促使他们有针对性地增强自己的技能和绩效。以谷歌为例,该公司实施了名为"Googlegeist"的年度员工反馈调查,以及"gCareer"个人发展和职业规划工具,旨在通过收集和反馈员工对工作环境的看法,以及提供个性化职业成长路径,来持续提升员工潜力。这些工具和机制的设计体现了绩效反馈的双向性和具体性,帮助员工识别成长机会,并为他们的职业发展提供了清晰的方向。

同时,鼓励员工提升数字化能力对于企业的长期发展至关重要。随着数字技术的快速演进,员工必须适应新兴的工作方式和业务流程。为此,企业应制定旨在增强员工数字化技能的政策,例如通过提供在线学习资源、组织技术工作坊、举办研讨会以及建立数字化学习社区。这些措施不仅帮助员工掌握最新的数字工具和技术,还能激发他们学习新知识的热情,促进职业生涯的进一步发展。例如,亚马逊通过其"Amazon Technical Academy"提供给非技术背景的员工转型成为软件工程师的机会,这是提高数字化能力的一个实际案例。通过这个计划,员工可以通过公司提供的课程和实践项目,学习必要的技术技能,以适应快速变化的技术环境。

此外,企业还应鼓励员工设定个人发展目标,并将这些目标与公司的长远目标相结合。通过明确的职业路径规划,员工可以目标导向地提升自己的技能,同时也为公司的发展做出贡献。企业可以通过提供定制化的培训和发展计划、设立专业发展基金、实施导师制度等方式,支持员工实现这些目标。例如,德勤通过其"Deloitte University"为员工提供了一个学习和发展的平台,员工可以在这里接受专业技能培训,发展领导力,从而实现个人和职业的成长。

通过这些措施的实施,企业不仅能够帮助员工提升个人潜力,还能够促进整个组织的持续成长和创新。有效的绩效反馈结合数字化能力的提升,为员工提供了成长的途径,同时也为企业的长期成功奠定了基础。

人力资本的破局思维

在数智时代,个体要提升人力资本价值,首先需要精准提升技术技能,如数据分析、编程、人工智能等,这些是市场高度需求的技能。同时,提升数字素养,包括熟练使用各种数字工具和媒体,对于适应数字化工作环境至关重要。此外,培养数据驱动的思维方式,在信息量巨大的环境中,能够理解和利用数据的能力变得尤为重要。适应性和灵活性也不容忽视,能够快速适应新技术和变化对于在快速变化的环境中保持竞争力至关重要。最后,跨领域的技能和知识,如技术人员了解业务流程,商业人员理解技术原理,可以帮助个体在职场上更全面地发展。通过这些方式,个体可以更好地适应数智时代的要求,提高自身的市场价值。

然而现实的情况如同笔者在前言中提到的那样,对于尖端的科技来说,绝大多数人相对较为被动,因为我们不懂技术,也没有能力和资源去创造新的技术。因此我们只能在尖端科技问世的时候学习如何去使用它,如何把它融入我们的工作生活中。可惜的是,绝大多数人,绝大多数企业不会持续学习,也不一定尝试新的科技,可能是因为时间有限,也可能是因为资源或者能力有限。企业中的员工也是一样,日常工作生活的忙碌让他们无法抽出更多的时间来提升自己。大多数人没有这种持续学习需要动力和自律。

因此笔者认为,在 2024 年以后,如果个体要提升自己的人力资本价值,除了自身给予自己设立明确的目标,更多的是需要把自己放在组织中,借助组织的外力形成一种积极、鼓励学习和尝试新事物的习惯。而从组织的角度,这种外力其实就是来自企业领导者变革的动力。而保持员工能够有持续的动量,企业的人力资源管理者必须运用企业文化、制度、流程等方式让企业每一位员工形成自律。从企业角度来看,这种推动力来自领导层对于变革的追求,他们通过强化企业文化、制定人力资源政策和优化工作流程来促进员工发展。例如,一个以创新驱名的科技公司可能会采用各种策略来激发员工的创造力和学习热情。这些策略可能包括提供时间和资源支持员工进行个体项目、鼓励跨部门合作以及开展内部创新大赛等。通过这些举措,公司不仅为员工提供了一个充满挑战和机遇的工作环境,还强化了他们对学习和成长的个体责任感。

在这样的组织环境中,员工可以感受到来自周围的积极影响,从而形成自我驱动和自律的学习态度。他们可能会主动参加在线课程、工作坊或者自发组织学习小组,以此来提升自己的技能和知识。这种自我激励和持续学习的文化不仅有助于个体职业发展,也为企业带来了更大的创新潜力和竞争优势。因此,企业领导者和人力资源管理者在培养员工的自我驱动力方面扮演着至关重要的角色。他们需要通过构建一个支持性和开放的工作环境、提供持续的职业发展机会和实施合理的激励机制,来鼓励员工学习新技能和适应变革。这样的管理策略不仅能激发员工的潜力,也能促进企业整体的成长和成功。

个体潜力提升的关键因素

在深入探讨个体潜力的提升过程中,我们不仅发现了学习和记忆的传统路径,还意识到了一种更加丰富且细腻的认知图景。这张图景由知识的多样性获取、记忆的策略运用、记忆的有效提取和知识间连接的强化构成。这些要素相互作用,共同塑造了我们理解世界和解决问题的能力。

首先,知识获取的多样性为思维的广度和深度提供了无限的可能性。想象一下,一个生物学家通过跨学科的学习,探索了艺术、哲学和工程学,这种多样化的知识背景使他能够在研究生命科学的同时,从不同的角度思考问题,提出了一系列创新的实验设计。这个例子启示我们,跨领域的知识探索不仅能够拓展我们的视野,还能够促进思维方式的转变,激发创新的火花。其次,记忆方法的应用是提高学习效率和促进记忆持久性的关键。就一个语言学习者而言,他通过故事法记忆新词汇,将生僻的单词嵌入富有情境的故事中,这种方法不仅增强了记忆的印象,还提高了长期记忆的稳定性。这种策略表明,创新的记忆技巧可以大大提升记忆的质量,使学习过程更加高效和愉悦。至于记忆的提取,它在知识应用过程中起着至关重要的作用。以一位法律顾问为例,他能够迅速准确地从大量案例中提取相关信息,为客户提供切实可行的建议。这种能力的背后,是对法律知识深入理解和广泛实践的结果,展示了有效记忆提取对于专业能力提升的重要性。再次,知识间连接的强化是推动创新和深度理解的核心。一个创新型企业家将计算机科学的原理应用于解决生态问题,开发出了一款既环保又高效的新型软件。这种跨界应用的成功,体现了强有力的知识连接对于创造性思维和问题解决的重要性。

显而易见,个体潜力的增强远非知识的简单累积,它更深层地依赖于我们如何多角度地吸收知识、怎样策略性地记忆、如何有效地调用和应用所掌握的知识,以及如何在各种知识领域间构建深入且富有意义的联结。这些要素形成了一个错综复杂却和谐运作的体系，驱动我们在认知上取得飞跃，并在创造力与问题解决能力上攀登至新的境界。在这一旅程中，我们不断地自我探索，挑战自我极限，致力于激发个人潜能的极致。

个人潜力提升的方法

找准自己的价值定位

在当今快速变化的职场环境中，个人的市场价值成为衡量职业发展和薪资水平的关键指标。企业在评估人力资本的价值潜力时，会考虑多种因素，包括员工的技能、经验和对组织的贡献。同样，个人也应当对自己的市场价值有清晰的认识，并采取策略性的行动来提升这一价值。在第四章我们提到企业如何进行人力资本价值潜力的估算。那么对于个人而言，如果想要提升自己的潜力从而提升自己未来的市场价值，我们也可以通过图 5.2 个人市场价值定位去进行思考。以个人年薪为例，如果某人的年薪低于 50 万元，可能反映了个人和企业对其价值的共同低估，或者是个人对自己价值的高估与企业评估不一致的情况，那么我们可以通过图 5.3 的个人潜力提升流程去进行潜力的提升。

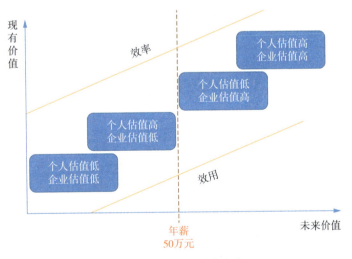

图 5.2　个人市场价值定位

在这种背景下，通过个人市场价值定位分析，我们可以更深入地了解如何提升自己的潜力。假设当前年薪为 30 万元，目标是提升至 50 万元，这就要求我们识别并缩小这 20 万元的差距。这个过程不仅涉及对现状的认识，还包括设定具体的、可达成的目标。首先，识别差距的过程需要我们全面审视个人的能力和外部环境。这包括评估自己在人脉、机会、资源、知识和平台等方面的现状与目标之间的差异。例如,可能需要在特定领域增强知识或技能,或者是扩大行业内的人脉网络,以便获得更多的职业机会和资源。接下来,聚集所需资源并提升自己是实现目标的关键步骤,在接下来的内容中我们将详细阐述。这可能意味着参加相关培训和课程来提高专业技能,或者通过参与行业会议和网络活动来提升行业影响力。在这一过程中,积极利用各种平台和资源对于提升个人能见度和认可度至关重要。例如,利用职业社交网络分享专业见解,或参与行业项目以增加实践经验。最后,复盘与调整是持续提升个人市场价值的必要环节。这一步骤要求个人定期回顾自己的职业发展路径,评估所采取策略的有效性,并根据反馈进行必要的调整。这可能意味着重新设定目标,或者调整提升策略以更好地适应市场的变化。

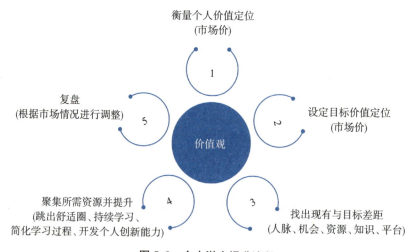

图5.3 个人潜力提升流程

通过这一连贯的过程,个人不仅能够更好地定位自己的市场价值,还能够采取实际行动来实现薪资和职业发展的目标。这要求个人保持对行业趋势的敏感性,不断地学习和适应,同时也需要勇于挑战自我,寻找和抓住机会。在这个不断变化的职场环境中,只有通过持续的努力和策略性的规划,个人才能够确保自己的市场价值不断提升,从而实现职业生涯的长期成功。

这里值得注意的是,第三阶段找出现有与目标差距与第四阶段聚集所需资源并提升之间有几个关键的潜力提升因素。因为个人潜力的培养,就像是在心智的田野里耕种,需要耐心、策略和多样化的技巧。它的提升不是单纯的知识累积过程,而是一个多维度的成长之旅。在这个旅程中,我们探索的不仅是知识的广度和深度,还有思维的边界。例如,知识的多样性是提升个人潜力的基石。就如同在一个丰富的生态系统中,多样性是其繁荣的关键,我们的思维也需要各式各样的知识来充当养分,以促进思考的广度和深度。当我们涉猎不同领域的知识时,每一次跨界都是对思维的一次挑战和扩展,每一次连接都可能擦出新的火花,为我们解决问题提供了更为多元和全面的视角。此外,记忆方法的应用,就像是在这片田野上铺设了高效的灌溉系统。传统的重复记忆就好比用桶去汲水,费时费力;而高效的记忆策略,例如陡峭或平坦的联想层级,就像是科技灌溉,它们使得信息更容易流淌和渗透。这些方法让信息的存储和检索变得有序和高效,就像是为思维的果实提供了坚实的支架,让它们能够茁壮成长。在这个基础上,知识间的连接强化是创新的土壤。通过模糊聚焦和聚焦激活的方法,我们不再只是简单地增加知识点,而是在它们之间建立桥梁,形成网状的知识结构。这样的结构让我们的思维可以自由流动,像河流一样在宽广和狭窄的地方自由转换,让我们能够在宏观的视角和微观的细节之间自如穿梭,促进了创新思维和对知识的深层次理解。另外,个体潜力的提升还需要我们从发散思维向收敛思维的转变。这个过程好比是在无数思维的道路上寻找最有成效的路径。发散思维使我们能够广泛地收集信息和想法,而收敛思维则帮助我们筛选和集中,从而形成深刻且富有意义的见解。这不仅是知识的整合,更是对知识进行重组和创新的过程。它要求我们在各种信息和想法中寻找共鸣点,建立逻辑严密的关联网,进而推导出新的想法和解决方案。

跳出自己的舒适圈

社会和经济因素对人们的生活和机会有很大影响,但个体的选择和行动也非常关键。有时候,人们可能会因为习惯、恐惧或缺乏信息而困于自己的"泡沫"之中,这限制了他们寻求改变的可能。首先,从信息的角度,在互联网的广阔世界中,人们可以轻松地获取各种信息,但也容易受到信息过载的困扰。那些守在自己舒适区的人可能只关注自己已知的信息来源,忽视了其他有价值的信息。例如,想象一个个体一直阅读相同类型的新闻,只与相似观点的人互动,这将导致信息的局限性。然而,那些愿意跳出自己"泡沫"的人,可能会接触到新的思想、不同的观点,从而更好地适应信息时代的变化。其次,技能和职业发展方面也存在挑战。数智时代要求个体具备不断学习和适应新技术的能力。但是,恐惧学习新技能或尝试新职业道路的人可能会陷入舒适区,错失了在竞争激烈的职场中脱颖而出的机会。举个例子,一个个体担心学习编程,因为他认为自己不擅长技术,结果错失了在数字领域就业的机会。而那些愿意克服恐惧、学习新技能的人,可能会迎来更多职业选择和发展机会。再次,从社交方面考虑,守在"泡沫"中的个体可能会陷入社交孤立。虽然数智时代提供了虚拟社交的机会,但只关注自己的社交圈可能会导致人际关系的贫乏。

当然,数智时代也强调创新和竞争力。那些害怕失败或不愿冒险的人可能会错过创新思维和竞争的机会。以创业为例,一个个体因担心失败而不愿意尝试新的商业理念,错失了创业成功的机会。最后,社会问题和全球挑战在数智时代变得更加突出。然而,只关注自己的"泡沫"可能导致对这些问题的忽视。但也就是如今这个关键的时期,个体的选择和行动变得尤为关键。根据第四章中人力资本潜力的计算公式以及数据模拟,我们不难分析出,如果其他条件不变的情况下,当企业和个体价值交换水平为均等的情况下,个体价值弹性如果提升20%,那么个体的未来潜力价值在企业中就会提升38%。但是当企业和个体价值交换水平都被低估的情况下,个体价值弹性如果提升30%,那么个体的未来潜力价值在企业中就会提升80%。这不得不让我们重新思考个体的潜力提升,尤其是在个体的能力素质还有很大提升空间的情况下,如果能够找到个体的潜力触发点,就能够帮助自己提升未来的价值。

面对快速变化和竞争激烈的工作环境,积极地迈出舒适区的步伐将有助于实现个体和职业的成功。我们可以积极参与持续学习和技能更新。随着技术的不断演进,不断学习和适应新技能变得至关重要。通过参加在线课程、研讨会或工作坊,个体可以不断提高自己的技能水平。例如,一位市场营销专家可以学习数字营销策略,以适应数字化市场的需求。与此同时,可以通过不同课程的学习去寻求多样性的经验,因为那是拓宽视野和提高适应力的关键。

跳出自己的舒适圈还包括了创新和冒险精神。关于创新会在后文详细阐述,但是如果你身处职场,可以尝试新的项目、提出创新的解决方案,或者参与创业活动。创新文化和奖励机制可以激励员工积极参与创新。

打造持续学习的环境

在数智时代,许多人可能因为对新技术的陌生感或学习的难度感到畏惧,从而错过了提升自身技能和适应变化的机会。要改变这种状况,我们可以从社会环境、教育资源和个体动力三个方面入手。

首先,社会环境对个体的学习和成长有着深远的影响。例如,如果一个社区中充满了对新技术的好奇和积极探索的氛围,那么社区成员也更可能去尝试和学习这些技术。在一些国家,政府会推动数字化教育,开设免费的在线课程和研讨会,鼓励民众学习编程、数据分析等技能。这类措施不仅提高了公众对新技术的接受度,也降低了学习的门槛。

其次,教育资源的有效提供对于激发学习热情至关重要。以印度的某些偏远乡村为例,当地通过移动教育车辆将数字技术带到这些地区,让村民能够直接接触并学习这些技术。这种方式不仅让技术教育变得生动有趣,也让村民们意识到学习这些技术对提高生活质量的直接好处。

最后,个体的内在动力是推动学习和成长的关键。在中国,有些中老年人通过学习使用智能手机和社交媒体,不仅缩小了与年轻一代的数字鸿沟,也为自己开辟了新的交流和学习渠道。这些例子表明,通过正确的激励措施和支持,人们即使在年纪较大时也能学习新技术,这些例子展现了通过合适的方法和支持,即使是不愿意接触新事物的人也能逐步打破自身的局限,提升自己的能力,关键在于创造一个支持学习和成长的环境,提供易于理解和应用的教育资源,以及激发内在的学习动力。例如,可以通过社区活动、工作坊等方式,让技术变得不再遥远和难以触及,而是成为日常生活的一部分。在这个过程中,重要的是要让人们感受到学习新技术带来的直接好处,比如提高工作效率、开拓新的职业机会或是增强与家人朋友的联系。同时,政府和企业也可以发挥作用,通过提供培训、奖励计划或是职业发展机会,鼓励人们学习新技能,比如企业可以为员工提供数字技能培训,帮助他们适应数字化转型的需求。政府可以推出激励措施,比如税收优惠或补贴,鼓励人们参与终身学习。

简化学习过程

如果打开抖音平台,后台的算法有可能将各式各样的大咖或者老师的课程推送给你。其实这就是一个个体简化学习过程比较直观的例子。当用户在平台上浏览时,后台算法根据用户的兴趣和行为数据推送各种内容,包括教育类视频和在线课程。如果用户对某个课程感兴趣,可以直接点击链接进行购买和学习。这种方式通过个性化推荐,使得用户能够轻松接触到他们感兴趣的学习资源,大大降低了寻找和选择学习材料的时间和努力,从而简化了学习过程。更何况除了减少寻找和选择学习材料的时间和努力,抖音平台的算法推荐机制还在其他方面简化了学习过程。许多用户可能并不知道某些学习资源的存在,或者不确定哪些资源与他们的兴趣和需求相关。通过个性化推荐,平台能够向用户展示他们可能感兴趣但之前未曾接触过的学习内容,从而拓宽了用户的知识领域和学习机会。这种机制不仅提供了一个便捷的学习资源发现渠道,还可能激发用户对新知识领域的兴趣,促进持续学习和探索。

虽然抖音只是市面上诸多平台之一,但是在当今的数字化时代,这样的平台正在彻底改变我们获取知识和进行学习的方式。这些平台不仅仅是信息的聚合地,更是知识传播和学习的新前沿。它们通过各种创新的方式激发用户的学习动机、促进碎片化学习、提供跨文化交流和学习机会、创造互动学习体验、支持生涯规划和个体成长、为学习者创造社区,并促进终身学习文化的发展。这些平台通过展示各类教育内容和课程,能够有效激发用户的学习兴趣。用户可能因为看到有趣的编程视频或语言学习挑战而开始学习新技能,这些内容以其丰富多彩和吸引人的方式,让学习变得更加轻松和有趣。而且,这些平台的碎片化学习方式极大地适应了现代快节奏的生活方式。用户可以在通勤或休息时间利用零碎时间通过短视频格式快速吸收信息,这种方式大大提高了学习的效率和便利性。

此外,国际化平台能够汇集来自不同文化背景的创作者和内容,为用户提供了独特的跨文化交流和学习机会。用户不仅能学习新的语言和技能,还能了解不同文化的观点和生活方式,这对于增进跨文化理解和尊重具有重要意义。更为重要的是,用户可以与视频创作者直接互动,通过评论提问或参与挑战,这种互动不仅增强了学习体验的参与感,还能帮助用户解决具体问题,使学习过程更加个性化和针对性。对于那些寻求职业发展和个体兴趣相结合的学习资源的用户来说,如行业专家的讲座、职业技能培训视频等,这些平台的推荐能够帮助他们规划未来的职业道路,支持他们的职业发展和个体成长。

通过推荐相似兴趣的用户和内容,这些平台还助力于构建学习者社区。在这些社区中,用户可以分享经验、交换观点、提供支持,形成学习互助的氛围。这不仅提供了一个便捷的学习资源发现渠道,还可能激发用户对新知识领域的兴趣,促进持续学习和探索。所以这些平台通过不断提供新的学习资源和挑战,鼓励用户持续学习和探索新知识,无论年龄或职业。这种文化倡导终身学习的理念,使学习成为一种持续的生活方式,而不只是学校教育的一部分。当然,中国也已经出现了许多能够帮助个体简化学习过程的软件和平台,例如下面所提到的几个案例。

北京大学最新 AI 黑科技

1. ChatExcel(网址:https://chatexcel.com/)是北京大学团队开发的一个创新型 AI 工具,旨在通过自然语言处理技术来简化和优化 Excel 表格的操作。这个工具允许用户通过文本或语音聊天的方式输入他们的需求,而不需要记住复杂的 Excel 公式或编写代码,从而在 Excel 中自动进行数据读取、处理和可视化操作。北京大学信息工程学院助理教授袁粒及其团队负责了这个项目的开发。他们强调,ChatExcel 旨在降低专业软件的使用难度,通过文字聊天实现 Excel 的交互控制,用户无须记忆复杂的函数或手动设置公式,就能完成 Excel 的各项任务。这个产品的研发动机是要跳过公式生成和编程,直接面向用户操作,旨在解决 Excel 操作的"小而痛"的问题。

2. 中国历代人物(CBDB)(网址:https://inindex.com/biog)是由哈佛大学费正清中国研究中心、"中央研究院"历史语言研究所和北京大学中国古代史研究中心联合开发的一个项目。它是一个免费可访问的关系型数据库,截至2023 年 5 月,已经包含了约529 560 名从 7 世纪到 19 世纪的人物的传记资料。这个数据库不仅可以作为人物传记的参考资料,还可用于统计分析和空间分析。CBDB 的"中国历代人物可视化平台"提供了数据分析和交互查询的可视化工具,例如,它能够通过可视化工具展现中国历代重要人物的迁徙路径和学术师承关系,从而揭示政治、经济、文化中心的变迁,以及历史大图景。

3. ChatLaw(网址:https://chatlaw.cloud/)是一个北京大学开发的面向法律领域的人工智能大模型,专注于提供法律知识。该模型的开发团队收集了大量的原始文本,包括法律新闻、论坛帖子、法律法规、司法解释、法律咨询、中国司法考试试题和法院判决等,用以构建对话数据库。ChatLaw 目前提供三个版本:ChatLaw-13B、ChatLaw-33B 和 ChatLaw-Text 2Vec。你可以把它看作一个免费的全能律师,任何法律问题它都可以帮你解答。如果遇到法律纠纷,还可以直接上传法律文书、资料或者录音。这个模型会用思维导图的方式帮你分析案情,并给出详细方案。

4. "可视化看中国"(网址:https://vis.pku.edu.cn/vis4china/)是由北京大学可视化与可视分析实验室开展的长期可视化科普尝试。该项目旨在通过可视化技术的力量,帮助人们更直观地了解中国在经济、科技、文化等方面发生的巨大变化。它特别在全国科普日期间更新上线,展示了中国社会在过去几十年间的惊人变革。这个平台通过集成可视化技术,展现了中国的文化历史、经济发展、科技进步等各个方面,提供了一个全面了解中国变化的新视角。

放在企业的环境中,企业其实可以利用直观易懂的学习材料来帮助员工快速了解最新技术并且学习。首先,企业可以创建或利用互动式在线课程和视频教程,例如将复杂的 AI 概念以简洁明了的方式呈现可以通过动画视频来解释机器学习的基本原理,或者使用模拟软件来展示 AI 算法在实际业务中的应用。其次,企业可以组织实际操作的工作坊,让员工在实际项目中应用 AI 技术。这种方法不仅能加深员工对技术的理解,还能增强他们的实践能力。比如,一个零售公司可能会教员工如何使用 AI 工具来分析消费者行为数据。此外,企业还可以利用图形化的学习工具,比如流程图和思维导图,来帮助员工理解 AI 项目的流程和结构。这些工具可以使抽象的概念变得更加具体和易于理解。通过这些方法,企业不仅能够帮助员工更好地理解新兴的 AI 技术,还能促进他们在工作中的创新。这样的学习环境不仅提高了员工的技术能力,也为企业带来更大的竞争优势和创新潜力。

开发个人创新能力

在探讨创造力这一复杂而迷人的主题时,我们发现其根源深植于个体如何处理和连接不同想法的独特方式之中。创造力不仅是随机产生新奇想法的能力,而且是一个深受神经网络结构、功能以及信息整合策略影响的复杂过程。这一过程涉及两个关键领域:神经回路的布局以及信息关联的层次结构。

在神经回路方面,发散思维能力显著区分了创造力高低的个体。具备高创造力的人往往能够通过更加多样化、出人意料的非线性方式来思考问题。这种能力背后是一套支持广泛神经连接和联想的复杂网络。例如,使用功能性磁共振成像(fMRI)的研究揭示了创新者的大脑在默认模式网络(DMN)、显著性网络和执行控制网络等关键区域间展现出更活跃或更高效的通信模式。这些网络的紧密协作不仅促进了新想法的生成,还帮助个体评估和完善这些想法,使其更加成熟。此外,大脑连接性的增强也是创造力的一个关键因素。更具创造力的人通常拥有更发达的胼胝体,这一神经纤维束的作用是连接大脑的左右半球,促进逻辑思维和直觉思维的整合。这种左右脑的高效协作为创新思维提供了强大的神经基础。

在信息的关联层次结构方面,创造性思维的另一特点是更平坦的关联层次结构,这允许个体在思维中建立更远距离、更新颖或更抽象的联系。与之相反,较低创造力的个体往往拥有较为陡峭的关联层次结构,倾向于形成更传统和紧密相关的思维连接。因此,高创造力个体能够通过这种平坦的结构,将看似无关的信息片段整合成全新的、富有创见的想法。这种信息整合能力并非孤立存在,而是由个体的神经架构和认知策略共同作用的结果。它允许创新者从不同领域抽取并融合思想,产生创造性的解决方案。例如,一个设计师可能将自然界的形态应用于现代建筑设计中,创造出既美观又实用的新型结构。

因此,创造力的核心在于个体如何利用其独特的神经路径和信息处理的层次网络来整合和加工思想。这一过程体现了大脑构造、认知机制和外界环境之间复杂的互动,它们共同塑造了个体的创造能力。深入理解这些相互作用的原理,我们不仅能够更深层次地揭开创造力的神秘面纱,还能探索出增强个人创造能力的有效途径。

由此可见,在当今这个快速变化的时代,创造力成为个人和组织竞争力的关键。但如何提升这一宝贵的能力呢?事实上,每个人都可以通过一系列方法来培养和提升自己的创造力,这背后涉及调整我们的神经回路和优化信息关联的层次结构。

首先,发散思维是创造力的重要源泉。想象一位作家,他通过每天的自由写作,让自己的思维跳脱常规,探索无限的可能性。这种习惯不仅激发了他的写作灵感,也加强了他大脑不同区域之间的连接,促进了思维的灵活性和创新能力。这一过程证明了,定期的发散思维练习能够有效地拓宽我们的想象空间,为创新提供更多的土壤。

其次,跨学科学习的重要性不容忽视。以一位工程师为例,他的主要工作领域是数字技术,但他选择了心理学作为自己的副业。这种跨界的学习让他在设计产品时能够更加深入地理解用户的需求和行为,从而创造出更具吸引力的解决方案。这个例子说明,通过学习不同领域的知识,我们能够拓展自己的思维范围,形成更为复杂和丰富的信息关联网络,这对于提升创造力至关重要。

第三,冥想和放松也是提升创造力的有效手段。一位忙碌的商业人士通过冥想找到了内心的平静,这不仅帮助他减轻了压力,更重要的是,在这种放松的状态下,他往往能够得到突破性的业务洞察和创意。这表明,通过冥想和放松,我们能够调整自己的心态,进入更有利于创新思维的心理状态。

塞尔瓦方法

塞尔瓦方法(Silva Method)是一种通过训练个人达到深度放松状态,以提高创造力、增强记忆力、提升解决问题能力和加强自我意识的心理学技巧。它由何塞·塞尔瓦(José Silva)基于他对大脑波和意识状态的研究在20世纪60年代创立。该方法强调通过冥想和自我暗示进入α波状态(一种轻松清醒的大脑活动状态),在这种状态下,人们能够更好地访问和利用自己的内在资源,从而改善心理健康、提高学习效率、增强自信和达成个人目标。塞尔瓦方法包括一系列练习和技巧,如视觉化、积极肯定、目标设定和问题解决技巧等,旨在帮助个体实现更高的意识水平和生活质量的提升。

核心步骤:

1. 学会进入α波状态

深度放松:通过深呼吸、肌肉放松等技巧,帮助身心达到深度放松的状态。

意识引导:使用特定的引导语言或想象,引导意识下沉到α波状态,这是一种介于清醒和睡眠之间的放松状态。

2. 自我暗示与积极肯定

在α波状态下,个体对自我暗示和积极肯定更加敏感和开放。在这一状态中重复积极的肯定语句,可以帮助改变内在信念,增强自信和动力。

3. 视觉化和想象

目标视觉化:清晰地想象自己实现目标的场景,感受与之相关的积极情绪。这有助于提高实现目标的决心和动力。

问题解决:在心中构建一个可以解决问题的想象场景,通过创造性思维找到解决方案。

4. 练习和应用

日常练习:通过每日练习,如冥想、深呼吸和视觉化,巩固进入α波状态的能力,使之成为一种习惯。

具体应用:将学到的技巧应用到生活的各个方面,如学习、工作、人际交往和个人成长等。

5. 反馈和调整

在实践塞尔瓦方法的过程中,持续对自己的进步进行评估,根据反馈调整练习方法，以达到最佳效果。

塞尔瓦方法的核心在于通过训练个体控制自己的意识状态，进而更有效地利用大脑的潜能来改善生活质量、提升个人能力和实现个人目标。它鼓励个体通过内在的力量和资源，实现自我治愈、自我提升和自我实现。

此外，对新奇体验的追求同样能激发个人的创造力。以逻辑思维见长的程序员为例，当他开始涉足舞蹈这一艺术形式时，不仅为自己的生活增添了丰富多彩的维度，甚至还意外地激发了他在编程工作中的创造潜能。这种跨界的探索使得他在面对问题时能够跳出固有思维模式，进而发掘出更为创新的解决方案。通过这一实例，我们得以洞见，不断尝试新事物能够为大脑带来新鲜的刺激，有助于培养多样化的思维模式和增强个人的创新能力。

因此，提升个体的创造力是一个复杂过程，它包含了发散思维训练、跨学科的知识吸收、冥想放松技巧以及探索新体验等方面。这些多样化的方法有助于我们调整和改善大脑神经回路，构建更复杂的信息联结网络，进而在个人成长及职场发展上培养和增强创意思维。每个人内心都蕴藏着无限的创造潜能，关键在于通过不懈的实践和探索去发掘并运用这一能力。

后续研究进展与设想

随着本研究团队在人力资本价值领域的深入探索,我们计划在未来进入研究的第三阶段,这一阶段我们将重点放在神经科学与管理学结合的跨学科研究上。脑成像和脑电测量等前沿技术的突破性进展,已经极大地推动了神经科学在心理学、社会学、经济学以及管理学等领域的广泛应用,这不仅促进了不同学科之间的交流与融合,也为这些领域带来了新的研究思路和方法论。特别是马庆国和王小毅在 2006 年的开创性研究,他们提出了神经管理学的概念,将其定位为一个涉及管理活动中大脑认知特征及其神经机制研究的国际前沿领域。这项研究不仅引领了新的学术趋势,而且为理解管理决策背后的神经学基础提供了全新的视角和方法。通过将神经科学的技术和理论应用于管理学的实践和理论问题中,我们能够更深入地探究员工行为、决策过程以及领导力等关键管理概念背后的神经基础。这种跨学科的研究方法不仅有助于揭示人类大脑如何处理复杂的管理和经济决策,也为设计更有效的人力资源策略和管理实践提供了科学依据。随着技术的不断进步和学科间合作的加深,我们期望未来的研究能够为理解人力资本的价值、提升员工福祉以及优化组织管理策略等方面带来革命性的洞见和解决方案。

神经科学与管理学的交叉研究方法

在神经科学与管理学交叉研究领域中,脑成像技术被广泛认为是接近神经元活动层面的最先进方法之一。这项技术利用现代物理学和生物化学的原理,展示大脑的结构和功能活动,为研究者提供了大脑活动的直观图像。目前,脑成像研究主要运用了多种技术手段,如正电子发射断层扫描(PET)、脑磁图(MEG)、单光子发射断层扫描(SPECT)、光学成像、功能性磁共振成像(fMRI)、脑电图(EEG)和事件相关电位(ERP),此外还结合了心电、心率、呼吸、皮肤电导、皮肤温度、血容量脉冲(BVP)以及激素水平等其他生理指标的测量,因为大脑的活动通常伴随着这些生理指标的变化。通过应用这些脑成像和生理测量技术,研究者能够在不同的管理环境下观察参与者的大脑神经活动,识别与特定行为或心理状态相关的大脑功能区域或网络。这些发现为进一步的相关性分析和验证提供了基础,从而揭示大脑如何支持特定的管理行为和决策过程。此外,结合多种观察技术和心理学研究方法,如主观自评报告、证据支持和元分析,研究者可以构建综合的机理模型。这些模型不仅能够对现有现象提供合理解释,还能预测不同影响因素变化对心理活动状态的影响,从而为管理实践和理论提供深入洞见。这种多维度的方法论开辟了理解人类心理和行为在管理情境中复杂相互作用的新途径,促进了管理学和神经科学交叉领域的研究前沿发展。

神经科学与管理学的交叉研究进展

当然,目前已有很多学者关注到人-机交互中信任的脑神经机制。例如Riedl 等在 2010 年使用 fMRI,研究了在线信任在神经机制层面上是否存在性别差异。研究发现,信任价值部分的大脑编码存在于女性和男性大脑的不同区域中,从而确定了不同性别的重要神经系统差异。作者发现相较于男性而言,女性大脑区域被激活的部分更多。这些发现支持了一个流行的观点,即女性比男性更容易对自己的情绪采取行动,这主要是因为由强烈和突然的情绪状态触发,女性充满情绪的大脑区域,如杏仁核和岛叶皮层更为发达。这一发现对于理解男性和女性之间在信任感的差异方面产生了重要影响。Carbo-Valverde等于 2020 年使用 fMRI 来调查信任和风险相关的神经反应,以解释金融数字化决策的过程,结果表明,用户使用金融数字服务的频率越高,与不安全感相关的大脑激活程度则越高。这一发现对于以通过技术以及金融机构的细分和服务分配策略设计金融政策,来增强金融包容性具有重要意义。Casado-Aranda等在 2018 年利用 fMRI 技术,研究在线购物中隐私、财务和绩效三种风险的脑认知差异,发现绩效风险会引发最高程度的失望和不信任。这一研究成果可以极大地指导零售商改善网络购物内容和流程,从而有效促进销售。

最经典的利用 fMRI 研究人与信息系统之间的信任因素的文章是 Dimoka在 2010 年进行的关于"信任"与"不信任"之间差异的实验。Dimoka 等在2011 年有使用功能性磁共振成像技术研究了用户对于系统的可接受度,发现高水平的感知有用性激活了大脑的尾状核和前扣带皮层,而低水平的感知有用性激活了大脑的岛叶,感知易用性激活了大脑的背外侧前额叶。但是,Dumont等在 2018 年使用经颅直流电刺激技术刺激用户大脑的背外侧前额叶,并没有观察到用户感知易用性的变化。已有学者关注到个体内在动机的脑神经机制。

随着认知神经科学领域的迅猛进展,日益增多的研究人员开始利用功能性磁共振成像(fMRI)和事件相关电位(ERP)等先进的神经科学技术来探究内在动机的神经基础。这些研究揭示了大脑的特定区域,如内侧和外侧额叶皮层、前扣带回(ACC)、前岛叶皮层(AIC)等,与内在动机的产生和调节有着密切的联系。特别是基于 fMRI 的研究，它们为我们提供了关于大脑如何响应内在动机刺激的直观证据。Lee 和 Reeve 在 2020 年的研究进一步深化了这一领域的理解，指出内在动机的神经机制涉及 AIC 等脑区的特定活动模式。他们发现，当参与者从事有趣的任务时，不仅 AIC 会被激活，纹状体也会相应激活，表明内在满足感（与 AIC 活动相关）和奖励处理（与纹状体活动相关）及其相互作用，共同构成了内在动机的核心体验。更进一步，与回想非内在动机激励相关的记忆相比，当人们回忆与内在激励相关的记忆时，腹内侧前额叶皮层（VMPFC）和 ACC 的激活程度更高，且这两个区域之间的相互作用也更为显著。这一发现强调了 VMPFC 和 ACC 在内在动机体验中的关键作用，揭示了内在动机背后的复杂神经网络。这些研究成果不仅为我们理解内在动机的神经基础提供了宝贵的视角，也为进一步研究个人动机如何影响行为提供了科学的基础。通过揭示内在动机与大脑特定区域活动之间的联系，神经科学技术为心理学和管理学等领域提供了深刻的洞察力，有助于开发更有效的激励策略和提高个体及组织的表现。

2015 年，Meng 和 Ma 通过基于事件相关电位（ERP）的实验研究揭示了反馈结果处理阶段的反馈相关负波（FRN）和反馈期待阶段的刺激前负波（SPN）等 ERP 成分的波幅变化，能够作为监测个体自主动机水平的实时指标。具体来说，他们通过秒表任务的脑电实验发现，在提供任务选择的情况下，相较于没有选择权的组别，选择组的参与者展示了更大的 SPN 波幅和差异化反馈相关负波（d-FRN）波幅。这一结果从行为与认知神经科学结合的角度证实了提供选择的重要性，即它能有效增强个体的自主动机。进一步来说，Fang 等于 2018 年通过设计时间估计（TE）任务和秒表（SW）任务观察到，适当的挑战能够满足个体的胜任感，进而触发自主动机的增强，这一过程中 SPN 波幅明显提升。当个体的自主需求遭到挫败时，他们会努力采取行动恢复自我控制感。如果遭遇的后续任务难度增加，这种情况下个体参与任务的自主动机会显著下降，与此同时，d-FRN 波幅也会相应减少。这些研究成果不仅深化了我们对自主动机在个体行为中作用的理解，还强调了在任务设计和挑战设置中考虑个体自主性的重要性。通过监测特定的 ERP 成分波幅变化，研究人员能够获得关于个体动机状态的宝贵信息，这对于设计更有效的学习、工作环境并提升个体参与度和表现具有重要意义。这一领域的研究不仅为心理学提供了新的视角，也为教育、管理和游戏设计等领域提供了实用的指导策略，以促进个体的积极参与和动机提升。

学术界已经开始探索领导行为背后的脑神经机制，揭示了人类大脑的稳定性和持久性特征,这些特征使得通过评估大脑的内在容量和神经结构,即使在静息状态下,也能预测个体的领导潜能和可能适合的组织角色。具体研究发现,变革型领导与非变革型领导之间在大脑的前额叶和颞叶等关键区域存在神经学上的显著差异。比较不同领导风格,那些倾向于社会化沟通愿景的领导者在大脑的右额叶区域展现出较高的活动一致性,这种领导风格的领导者通常获得追随者更高的领导魅力认可。此外,特定情绪或行为模式,如嫉妒,能够触发特定大脑区域(例如杏仁体和脑岛)的活动,表明外部情绪刺激如何直接影响大脑反应。在回忆领导风格的实验中,追随者在回想和谐型领导时,大脑中与社会联系和积极情绪相关的区域被激活;相反,当回忆不和谐型领导时,则激活了与逃避、注意力分散、减少同情心和负面情绪相关的大脑区域。这些发现强调了领导特质的复杂性和多变性,指出虽然领导特质确实存在,但它们并非完全稳定不变。工作压力、情绪波动和系统性思维等因素可以影响大脑活动,从而激活或抑制特定的领导特质和风格。这意味着领导能力的发挥不仅受到个人内在因素的影响,也与外部环境和情绪状态紧密相关。这一领域的研究不仅为理解领导行为提供了新的神经科学基础,还为培养和优化领导风格提供了可能的神经生物学途径,有助于开发更加有效的领导力发展策略和管理实践。

在领导力开发领域,Hannah 和 Avolio 在 2010 年的研究强调了领导者自我发展意愿对于领导力培养的重大影响,揭示了这种意愿不仅受到个体心理因素如目标导向性和发展效能的影响,也与大脑神经结构有关。他们指出,领导力培养远远超越了一刀切的训练模式,而是需要基于大脑认知和态度的个性化发展计划。大脑的可塑性和神经反馈技术的应用为个性化领导力开发提供了技术支持,这种方法不仅能够加强领导者的发展意愿,还能够促进其领导技能的提升。此外,利用脑成像等技术深入分析与领导效能相关的脑区活动,为选拔优秀领导者、确定与组织文化相匹配的领导风格提供了科学依据。尽管利用神经科学方法来培育更为有效的领导者还处于初级阶段,但早期研究已经开始探讨决策行为的脑神经机制。决策过程作为人类认知活动的核心组成部分,是管理学研究的关键领域。研究表明,大脑的不同半球和功能区在决策过程中被激活,通过控制特定的影响因素并运用神经成像技术,研究者能够观察和分析这些因素如何影响大脑决策行为的机制。社会决策的研究进一步探讨了不同人际互动情境下大脑的神经反应差异。通过改进的囚徒困境游戏和功能性磁共振成像(fMRI),研究者发现,面对合作伙伴时,与面对竞争对手相比,右侧颞顶交界处(rTPJ)和后内侧前额叶皮层的活性更高,尤其是在早期互动阶段。这表明,当大脑认为行为适应是有益的,社会认知和学习过程会同时发生。

Perri 等在 2019 年的研究中,通过前额叶皮层诱发电位的分析,探讨了知觉负荷对决策神经认知过程的影响,揭示了大脑如何处理复杂与简单刺激的差异。这些研究不仅在宏观和微观层面上拓宽了我们对大脑如何参与决策过程的理解,也为发展新的决策理论模型提供了坚实的学术基础。从决策科学的机制和建模到理性与非理性决策行为的研究,学者们正在深入探索决策过程中大脑的作用,这些进展对于理解和改进人类决策行为具有重要意义。

总的来说,我国神经科学与管理学的交叉融合正处在一个多路口的选择阶段,运用脑电数据揭示人-机交互场景下个体、领导等主体的心理规律与行为模式,对深化人力资源管理数智化转型与能力建设、构筑我国人工智能先发优势具有重要意义。

参考文献

1. 郭为. 数字化的力量[M]. 北京:机械工业出版社,2022.

2. 彼得·德鲁克. 21世纪的管理挑战[M]. 北京:机械工业出版社,2006.

3. 何江,朱黎黎. "人-机-组织"共生系统:一个智能化组织理论框架[J]. 当代经济管理, 2023,45(6):9-19.

4. 李作学,张蒙. 什么样的宏观生态环境影响科技人才集聚——基于中国内地31个省份的模糊集定性比较分析[J]. 科技进步与对策,2022,39(10):131-139.

5. 闵庆飞,刘志勇. 人工智能:技术、商业与社会[M]. 北京:机械工业出版社,2021.

6. PwC中国. 数据治理先行,保驾护航大型集团化国有企业人力资源数字化建设[EB/OL]. (2021)[2024-02-21]. https://www.pwccn.com/zh/blog/state-owned-enterprise-soe/escort-the-digital-construction-of-human-resources-dec2021.html

7. 史爱武. 加强数字化人才培养,促进数字化转型高质量发展[N].《光明日报》,2023-03-15(18).

8. 赵曙明,赵宜萱. 推动企业人力资源管理数智化转型[N].《光明日报》,2023-11-08(6).

9. BECKER G S. Human capital:a theoretical and empirical analysis,with special reference to education[M]. Chicago:University of Chicago press,2009.

10. BERGER P,LUCKMANN T. The social construction of reality. In Social theory rewired(pp. 92-101). Routledge,2023.

11. BREALEY R A,MYERS S C, ALLEN F. Brealey,Myers,and Allen on real options[J]. Journal of applied corporate finance,2008,20:58-71.

12. BROOKS R A. Intelligence without representation[J]. Artificial intelligence,1991, 47(1-3):139-159.

13. BURNS T,STALKER G M. The management of innovation[M]. London:Tavistock, 1961.

14. BUYENS D,DE VOS A. Perceptions of the value of the HR function[J]. Human resource management journal,2001,11:70-89.

15. CHAMORRO-PREMUZIC,T. I,Human:AI,automation,and the quest to reclaim what makes us unique[M]. Harvard Business Press,2023.

16. CASADO-ARANDA L A,SÁNCHEZ-FERNÁNDEZ J, MONTORO-RÍOS F J. How

consumers process online privacy, financial, and performance risks: an fMRI study[J]. Cyberpsychology, behavior, and social networking, 2018, 21:556-562.

17. CHAO G T, KOZLOWSKI S W. Employee perceptions on the implementation of robotic manufacturing technology[J]. Journal of applied psychology, 1986, 71(1):70.

18. COFF R, KRYSCYNSKI D. Drilling for micro-foundations of human capital-based competitive advantages(Invited editorial)[J]. Journal of management, 2011, 37(5):1429-1443.

19. COLLINGS, DAVID G, et al. Strategic human resource management and COVID-19: emerging challenges and research opportunities[J]. Journal of management studies, 2021, 58(5):1378-82.

20. CUNHA F, HECKMAN J J, SCHENNACH S M. Estimating the technology of cognitive and noncognitive skill formation[J]. Econometrica, 2010, 78(3):883-931.

21. DON TAPSCOTT. The digital economy: promise and perilin the age of network and intelligence[M]. Vol. 1. NewYork: McGraw-Hill, 1996.

22. DAMODARAN A. The dark side of valuation: valuing young, distressed, and complex businesses[M]. Upper Saddle River: FT Press, 2009.

23. DIMOKA A. What does the brain tell us about trust and distrust? Evidence from a functional neuroimaging study[J]. MIS Quarterly, 2010, 34:373-396.

24. DIMOKA A, PAVLOU P A, DAVIS F D. Research commentary-neurois: the potential of cognitive neuroscience for information systems research[J]. Information systems research, 2011, 22:687-702.

25. DOHMEN T, FALK A, HUFFMAN D, et al. The intergenerational transmission of risk and trust attitudes[J]. The review of economic studies, 2012, 79(2):645-677.

26. DYER L, REEVES T. Human resource strategies and firm performance: what do we know and where do we need to go? [J]. International journal of human resource management, 1995, 6(3):656-670.

27. FARH C I, SEO M G, TESLUK P E. Emotional intelligence, teamwork effectiveness, and job performance: the moderating role of job context[J]. Journal of applied psychology, 2012, 97(4):890.

28. FLAMHOLTZ E. A model for human resource valuation: a stochastic process with service rewards[J]. The accounting review, 1971, 46:253-267.

29. FLAMHOLTZ E. Human resource accounting: advances in concepts, methods, and applications[M]. New York: Springer, 1999.

30. FOTUHI M, DO D, JACK C. Modifiable factors that alter the size of the hippo campus with ageing[J]. Nature reviews. Neurology 2012, 8:189-202.

31. GAGNÉ M, PARENT-ROCHELEAU X, BUJOLD A, et al. How algorithmic

management influences worker motivation: a self-determination theory perspective[J]. Canadian Psychology/Psychologiecanadienne,2022,63(2):247.

32. GAULY,B. The intergenerational transmission of attitudes:analyzing time preferences and reciprocity[J]. Journal of family and economic issues,2017,38:293-312.

33. GALTON F. Hereditary genius:an inquiry into its laws and consequences[M]. London:Macmillan,1869.

34. GOTTLIEB G. Normally occurring environmental and behavioral influences on geneactivity:from central dogma to probabilistic epigenesis[J]. Psychological review,1998,105(4):792-802.

35. GOTTLIEB G. Probabilistic epigenesis[J]. Developmental science,2007,10(1):1-11.

36. HANNAH S T, AVOLIO B J. Ready or not:how do we accelerate the developmental readiness of leaders? [J]. Journal of organizational behavior,2010,31:1181-1187.

37. HE J, ZHU L. Human-Machine-Organization symbiosis system: a theoretical framework of intelligent organization[J]. Contemporary economic management,2023,45:9-19.

38. HEWETT R, SHANTZ A. A theory of HR co-creation[J]. Human resource management review,2021,31(4):1-17.

39. HIRSHLEIFER J. Exchange theory:the missing chapter[J]. Western economic journal,1973,11:129-146.

40. HOPKINS K D, BRACHT G H. Ten-year stability of verbal and nonverbal IQ scores [J]. American Educational Research Journal,1975,12(4):469-477.

41. HIBAR D P,STEIN J L,RENTERIA M E,et al. Common genetic variants influence human subcortical brain structures[J]. Nature,2015,520(7546):224-229.

42. JARRAHI M H. Artificial intelligence and the future of work:Human-AI symbiosis in organizational decision making[J]. Business horizons,2018,61(4):577-586.

43. JIA Q,GUO Y,LI R,et al. [M]. A conceptual artificial intelligence application framework in human resource management,2018.

44. KAPLAN A, HAENLEIN M. Siri,Siri,in my hand:who's the fairest in the land? On the interpretations,illustrations,and implications of artificial intelligence[J]. Business horizons,2019,62(1):15-25.

45. KELLOGG K C,VALENTINE M A, CHRISTIN A. Algorithms at work:the new contested terrain of control[J]. Academy of management annals,2020,14(1):366-410.

46. Lee, Woogul, and Johnmarshall Reeve. "Brain gray matter correlates of general psychological need satisfaction: A voxel-based morphometry study." Motivation and Emotion,2020,44 (1): 151-158.

47. LEPAK D P, SNELL S A. The human resource architecture:toward a theory of human

capital allocation and development[J]. Academy of management review,1999,24(1):31-48.

48. LI J J,BONN M A, YE B H. Hotel employee's artificial intelligence and robotics awareness and its impact on turnover intention: the moderating roles of perceived organizational support and competitive psychological climate[J]. Tourism management, 2019,73:172-181.

49. LI J, HUANG J, LIU J, et al. Human-AI cooperation: modes and their effects on attitudes[J]. Telematics and informatics,2022,73:101862.

50. LILLY J, GRAY D. Outsourcing the human resource function: environmental and organizational characteristics that affect HR performance[J]. Journal of business strategies,2005,22(1):55-73.

51. LOGG J M,MINSON J A, MOORE D A. Algorithm appreciation:people prefer algorithmic to human judgment[J]. Organizational behavior and human decision processes, 2019,151:90-103.

52. LUTHANS F,NORMAN S M,AVOLIO B J,et al. The mediating role of psychological capital in the supportive organizational climate—employee performance relationship[J]. Journal of organizational behavior: the international journal of industrial,occupational and organizational psychology and behavior,2008,29(2):219-238.

53. LUKOVAC V,PAMUČAR D,POPOVIĆ M,et al. Portfolio model for analyzing human resources: an approach based on neuro-fuzzy modeling and the simulated annealing algorithm[J]. Expert systems with applications,2017,90:318-331.

54. LYUBOMIRSKY S, ROSS L. Hedonic consequences of social comparison:a contrast of happy and unhappy people[J]. Journal of personality and social psychology,1997,73 (6):1141.

55. Lubinski, D. Introduction to the special section on cognitive abilities:100 years after Spearman's (1904) "'General intelligence,' objectively determined and measured". Journal of personality and social psychology, 2004,86:96.

56. MALIK A,BUDHWAR P,PATEL C,et al. May the bots be with you! Delivering HR cost-effectiveness and individualised employee experiences in an MNE[J]. International journal of human resource management,2022,33(6):1148-1178.

57. MEIJERINK J, BONDAROUK T. The duality of algorithmic management:toward a research agenda on HRM algorithms,autonomy and value creation[J]. Human resource management review,2023,33:100876.

58. MENG L, MA Q. Live as we choose: the role of autonomy support in facilitating intrinsic motivation[J]. International journal of psychophysiology,2015,98:441-447.

59. MURPHY G. Human potentialities[M]. New York:Basic Books. Peach,T. 1993. In-

terpreting ricardo. Cambridge：Cambridge Books.

60. MAY A. Experience-dependent structural plasticity in the adult human brain[J]. Trends in cognitive sciences,2011,15:475-482.

61. MCCULLOCH W S, PITTS W. A logical calculus of the ideas immanent in nervous activity[J]. Bulletin of mathematical biophysics,1943,5:115-137.

62. PULIC A. VAIC™—an accounting tool for IC management[J]. International journal of technology management,2000,20:702-714.

63. NOBLE K G,HOUSTON S M,BRITO N H, et al. Family income,parental education and brain structure in children and adolescents[J]. Nature neuroscience,2018,18(5): 773-778.

64. NOE R,HOLLENBECK J,GERHART B,et al. Human resources management：gaining a competitive advantage[M]. 10th ed. New York,MA：McGraw-Hill Education.

65. O'CONNOR T G, RUTTER M, English and Romanian Adoptees Study Team. Attachment disorder behavior following early severe deprivation：extension and longitudinal follow-up[J]. Journal of the American Academy of Child & Adolescent Psychiatry,2000,39(6):703-712.

66. PERRI R L,BERCHICCI M,BIANCO V,et al. Perceptual load in decision making：the role of anterior insula and visual areas. An ERP study[J]. Neuropsychologia,2019,129: 65-71.

67. PEPPARD J, RYLANDER A. From value chain to value network：insights for mobile operators[J]. European management journal,2006,24(2-3):128-141.

68. PLOMIN R, OWEN M J, MCGUFFIN P. The genetic basis of complex human behaviors[J]. Science,1994,264(5166):1733-1739.

69. PLOYHART R E, MOLITERNO T P. Emergence of the human capital resource：a multilevel model[J]. Academy of management review,2011,36(1):127-150.

70. PLOYHART R E,NYBERG A J,REILLY G, et al. Human capital is dead；long live human capital resources! [J]. Journal of management,2014,40(2):371-398.

71. RICHARDSON K. The origins of human potential：evolution, development and psychology[M]. London：Routledge,2002.

72. RIEDL R, HUBERT M, KENNING P. Are there neural gender differences in online trust? An fMRI study on the perceived trustworthiness of eBay offers[J]. MIS quarterly,2010,34:397-428.

73. RIMFELD K, KRAPOHL E, TRZASKOWSKI M, et al. Genetic influence on social outcomes during and after the Soviet era in Estonia[J]. Nature human behaviour,2018, 2(4):269-275.

74. RUSSELL S,STUART J,NORVIG P,et al. Artificial Intelligence：a modern approach

[M]. 2nd ed. Upper Saddle River, New Jersey: Prentice Hall.

75. RUTTER M, O'CONNOR T G. Are there biological programming effects for psychological development? Findings from a study of Romanian adoptees[J]. Developmental psychology, 2004, 40(1), 81.

76. RYAN R M, DECI E L. Self-determination theory and the facilitation of intrinsic motivation, social development, and well-being[J]. American psychologist, 2000, 55(1): 68.

77. SCHULTZ T W. Investment in human capital[J]. The American economic review, 1961, 51(1):1-17.

78. SCHMITT N, CHAN D. Personnel selection: a theoretical approach[M]. London: Sage, 1998.

79. SHANNON C E. Programming a computer for playing chess[J]. Philosophical magazine, 1950, 41(4):256-275.

80. SOWA K, PRZEGALINSKA A, CIECHANOWSKI L. Cobots in knowledge work: Human-AI collaboration in managerial professions[J]. Journal of business research, 2021, 125:135-142.

81. THUROW L C. Analyzing the American income distribution[J]. The American economic review, 1970, 60(2):261-269.

82. TURING A M. Computing machinery and intelligence[J]. Mind, 1950, 59:433-460.

83. TURKHEIMER E. Commentary: variation and causation in the environment and genome[J]. International journal of epidemiology, 2011, 40(3):598-601.

84. TREFFERT D A. The savant syndrome: an extraordinary condition. A synopsis: past, present, future[J]. Philosophical Transactions of the Royal Society B: Biological Sciences, 2009, 364(1522):1351-1357.

85. SNELL S A, DEAN Jr, J W. Integrated manufacturing and human resource management: a human capital perspective[J]. Academy of management journal, 1992, 35(3): 467-504.

86. SHAKESHAFT N G, PLOMIN R. Genetic specificity of face recognition[J]. Proceedings of the National Academy of Sciences, 2015, 112(41):12887-12892.

87. ULRICH D, Brockbank W. The HR value proposition[M]. Boston: Harvard Business Press, 2005.

88. ULRICH D. Human resource champions: the next agenda for adding value and delivering results[M]. Boston: Harvard Business Press, 1996.

89. WANG X, LI Z, OUYANG Z, et al. The Achilles heel of technology: how does technostress affect university students' wellbeing and technology-enhanced learning[J]. International journal of environmental research and public health, 2021, 18(23):12322.

90. WESCHE J S, SONDEREGGER A. When computers take the lead:the automation of leadership[J]. Computers in human Behavior,2019,101:197-209.

91. WILSON H J. Robots need us more than we need them[J]. Harvard business review, Retrieved from https://hbr. org/2022/03/robots-need-us-more-than-we-need-them. Accessed May 1,2023.

92. WRIGHT P M, MCMAHAN G C. Exploring human capital:putting "human" back into strategic human resource management[J]. Human resource management journal,2011, 21(2):93-104.

93. WILSON-EVERED E,HÄRTEL C E. Measuring attitudes to HRIS implementation:a field study to inform implementation methodology[J]. Asia Pacific journal of human resources,2009,47(3):374-384.

94. WOODWARD J. Industrial organization:theory and practice[M]. New York:Oxford University Press,1965.

95. WEST B J. Fractal physiology and the fractional calculus:a perspective[J]. Frontiers in physiology,2010,1:12.

96. ZHAO Y X,ZHAO S M,LUAN J R. Human resource management based on artificial intelligence:a conceptional model and future research[J]. Social sciences in Nanjing, 2020,2:36-43.

97. ZHAO Y X,HE G Y,WEI D X. When digitalization meets HRM:developing a HRM value chain model in China[J]. Chinese management studies accepted,2024.